# EL VIAJE DE UNA VIDA

# EL VIAJE DE UNA VIDA

Lociano Benjamin

# EL VIAJE DE UNA VIDA

*Puede hacer pedidos de libros de iUniverse en librerías o poniéndose en contacto con:*

*iUniverse*
*1663 Liberty Drive*
*Bloomington, IN 47403*
*www.iuniverse.com*
*844-349-9409*

*ISBN: 978-1-6632-2245-9 (tapa blanda)*
*ISBN: 978-1-6632-3878-8 (libro electrónico)*

*Número de Control de la Biblioteca del Congreso: 2022907764*

*Información sobre impresión disponible en la última página.*

*Fecha de revisión de iUniverse: 04/21/2022*

# PROLOGO

¿Qué es la vida? Una ilusión
¿Qué es la vida? Un frenesí
Porque la vida es un sueño
Y los sueños, sueños son

**("La vida es un sueño" Calderón de la Barca)**

¿Qué soy yo?
En las quimeras y el frenesí de la vida, angustiado, quiero hundirme, enterrarme en esta playa blanca de arena aún caliente, en este momento del crepúsculo. Algunos me envidiarían, viéndome apoyada en un coche descapotable, con mi traje de lino blanco, la mirada pérdida en el brillante horizonte de esta costa caribeña, pero yo sí, sé.

-**Un grano de arena**, una partícula microscópica en medio de miles, millones, miles de millones de mis compañeros y juntos representamos ese todo, se extiende tan bellamente a lo largo de las playas donde los turistas sueñan. Los amantes se acuestan para abrazarse y se dejan atrapar por el espejismo del romanticismo, los niños construyen castillos condenados a la destrucción, un sueño fugaz, los pescadores se paran allí para escudriñar las olas y evaluar sus posibilidades de ganarse el pan de cotidiana.

-**La arena de las dunas**, con sus colores deslumbrantes, creando espejismos cambiantes en los desiertos, que engañan al más audaz o al más desafortunado. Este polvo dorado puede ser reducido a la nada, remodelado indefinidamente por los caprichos de las tormentas, por desgracia, la naturaleza a menudo nos recuerda el orden, ella es la única maestra.

El Hombre vano de su poder que cree haber colonizado el cosmos y dominado las estrellas y las planetas, está sujeto a su ley doblando su espalda. Somos, yo soy, este **grano de arena** que puede sin embargo agarrar los engranajes del reloj e influir en un destino.

-**Un grano de arena** invisible bajo el párpado hace llorar al más valiente y cuando el **vendedor de arena** ha pasado, los humanos se hunden en el olvido del sueño, como en el letargo de la muerte, orientado, desorientado, a través de sueños o pesadillas hacia mañanas inciertas. Trampa de **arenas movedizas** en la que ya no tengo fuerzas para luchar.

Allí, en la palma de mi mano, como en un **reloj de arena**, los **granos de arena** están desgranando entre mis dedos el largo rosario de mis contratiempos y mis expectativas. No quiero llorar y sin embargo las lágrimas queman mis ciruelas ciegas. Respiro con dificultad. Tantas caras, tantas promesas, tantas cosas han trastornado mi existencia que ya no sé si debo continuar mi tortuoso camino o dejar de perseguir mis ilusiones.

Aquel que ha construido sobre arena no tiene nada más.

Mis pensamientos se desdibujan por voces incorpóreas, pero cada una evoca un rostro o un nombre. El pasado me persigue sin parar, mi corazón lacerado ya no puede encontrar el ritmo de su juventud devastada; "Diga, ¿qué has hecho, tú que estás aquí, de tu juventud?", lamenta el poeta. "¿Debería, cuando mis treinta y pico acaban de caer sobre mí, llorar ya por una vida de muchas edades?"

**Arena blanca, arena dorada**
**Arena de la vida y arena de la muerte**
**Arena de mi desesperación.**
**Donde me quedo empantanado sin luchar**
**Y tu memoria, tus recuerdos,**
**O mujeres volubles y adoradas,**
**Levántate, como un tornado de arena.**
**¿Debo sobrevivir o entregar mi alma?**

*("Dunes", M.H.)*

# EL AMOR DE MI MADRE

(…)
Pulgarcito soñador, desgranaba rimas en mi recorrido
Y mi albergue estaba en la Osa Mayor
Mis estrellas temblaban con un dulce frufrú.

Y yo las escuchaba sentado, al borde de los caminos…
Esos buenos atardeceres de septiembre en que sentia
Gotas de rocio en mi frente, como un vino vigoroso.

Ello, rimando en medio de las fantasticas sombras,
Como liras, yo tiraba de las cuerdas de mi zapatos heridos,
¡Un pie cerca de mi corazon!

### *(Mi Bohemia, Arthur RIMBAUD)*

En el distrito de Martissant 7 donde nací, todos nos conocíamos. Niños riendo y traviesos llenaron las calles con nuestro alegre ruido.

Mis tres hermanos menores y yo no éramos los últimos en hacer un buen escandalo, y a menudo volvíamos a casa con las rodillas despellejadas.

Sin embargo, de todos ellos, ya me distinguía un lado más soñador y ingenuo, ya que sabía leer, toda mi atención se dirigía más bien hacia la lectura y a la poesía, cuyas rimas, la orden especial de las palabras y el poder de las imágenes me llenaban de una emoción abrumadora.

Pasé mucho tiempo escribiendo en cuadernos, libretas o cualquier papel que llegaba a mis manos, poemas infantiles dedicados a la naturaleza, ángeles, estrellas y mi madre.

Sonrió con toda la ternura del mundo y me dijo: - Está bien, serás poeta algún día, mi Benjie, pero por el momento, ve a buscarme las compras, tengo que preparar el desayuno.

Durante el día, mi madre, primera a despertarse, encendía la estufa, preparaba nuestra ropa, y tan pronto como habíamos desayunado y estábamos listos para ir a la escuela, se ponía en marcha por su cuenta para hacer sus agotadoras tareas diarias entre los burgueses de los barrios de clase alta.

Trabajaba duro, era honesta y puntual, y por eso era apreciada por todos sus empleadores.

Ella nos aplico una educación estricta, según los principios de mi padre y de nuestra iglesia, pero siempre con amabilidad y paciencia. Nos regañaba cuando las peleas de niños surgían entre nosotros, pidiéndonos que reflexionáramos sobre el amor entre hermanos y el perdón. Nos habló de la tolerancia y de la fraternidad.

-   El amor ajeno nos predico a menudo.

Y sabíamos que la compasión y la fraternidad eran valores que debíamos respetar.

Me di cuenta de su cansancio desde cuando subía a nuestra casa por la noche y volvía a trabajar y nos regañaba si no hacíamos los deberes en serio y en silencio. Ella se encargaba de las tareas domésticas, del mantenimiento de nuestra ropa, que manejaba con mucho cuidado, y de la preparación de la comida.

Para nosotros, las vigilias estudiosas que duraban bajo la lámpara del comedor hasta el regreso de mi padre, también fueron acosadas. El venía a preguntarnos sobre nuestras tareas tan pronto como terminaba de lavarse, se ponía una camiseta impecable y un gran par de pantalones de esmoquin, antes de presidir la cena de guisantes, arroz, pollo frito o pescado que comíamos en un cálido ambiente familiar, cada uno contando los acontecimientos de su día. Estas cenas fueron una oportunidad para que mi padre nos enseñara las reglas de la vida y el respeto mutuo, también trataba de desarrollar nuestra curiosidad con anécdotas sobre sus varios viajes y su conocimiento de otros países que nos parecían cuentos fantásticos.

Comprendí que aunque pudiéramos asistir a escuelas como el Instituto Adventista Franco-Haitiano, un instituto privado, no éramos ricos y que las largas horas de trabajo de mi madre fueron dedicadas a nuestra educación y instrucción para hacernos un lugar en la élite de la ciudad.

Me sentía más aun en deuda con mi madre porque algunos de nuestros vecinos sacaban a sus hijos de la escuela a los trece o catorce años para contribuir con pequeños trabajos para mantener a la familia.

Esforzándome por ser el primero de la clase para justificar estos sacrificios, me dormía cada noche soñando con el día en que vería a mi madre en la iglesia, con un hermoso vestido floral, un hermoso sombrero blanco y un collar de bolas de oro, del brazo de mi padre, vistiendo los trajes de colores claros que él llevaba tan bien. Pude verlos unirse a un pabellón enclavado en el verdor de las alturas de Puerto Príncipe en un coche americano descapotable que les habría dado y viviendo despreocupadamente, con un joven y devoto sirviente que aliviara a mi pobre madre de todas sus cargas. Los imaginé sentados en un café del Boulevard J.J. Dessalines, saludados por todo Puerto Príncipe, susurrando:

- Ves, son los padres del diplomático, Embajador ante la ONU, sabes que los conocí cuando vivían humildemente en Martissant. Y el orgullo iluminaría el bello rostro de mi madre y pondría una pequeña sonrisa satisfecha en el bello rostro de mi padre.

Me estaba dando a mí mismo la delantera en un futuro del que no podía medir la distancia.

Mis padres eran una hermosa pareja a pesar de su diferencia de edad.

Mi padre había guardado de su larga estancia en el extranjero, en Cuba, el gusto por los descubrimientos, una rica cultura, una filosofía de rectitud y la estima de la ascensión social, el sudor de su frente y según sus propios méritos.

Dominaba varios idiomas, entre ellos el español, el inglés y el francés, y siempre nos animó a dominar la ciencia de los idiomas para comunicarnos mejor con los demás pueblos del Caribe, pero mis ambiciones adquirieron otra dimensión, y me prometí a mí mismo conquistar América y incluso Europa.

Si a veces mis padres nos hablaban o discutían en criollo, era apropiado comunicarse en francés en casa en interés de nuestra ascensión social. Nuestros modestos ingresos ciertamente nos hacían privilegiados de la vecindad, pero nunca tuvimos hambre.

Una o dos veces al año, íbamos con nuestras familias a comprar ropa; en las aceras de Puerto Príncipe, la mercancía "pèpè", camisetas, vaqueros de todos los colores, zapatillas, bolsas de gimnasio, cinturones de todo tipo, corbatas, camisas, faldas y blusas, todo ello llevando lo que me parecieron marcas americanas de prestigio, y que en realidad eran las sobras, no vendidas o de segunda mano, que habían llegado directamente de los Estados Unidos. Este vecino gigante me exaltó tanto como Francia y estaba convencido de que mi destino me llevaría allí algún día.

Los domingos, cuando mis padres pensaban que podían distraer a unos cuantos gourdes de nuestro presupuesto, era como un día de fiesta, mi padre probaba suerte en la "loteria" para intentar multiplicar su modesta apuesta, y nos tomábamos con gusto un helado, tranquilamente, paseando por las elegantes avenidas del centro de la ciudad, mirando los escaparates, disfrutando del colorido espectáculo de la animada multitud. En las terrazas de los cafés, los músicos actuaban y algunas parejas se contorsionaban al ritmo del merengue y los valses.

Este espectáculo nos deleitó, y desde entonces mantuve el sabor de la danza al ritmo de nuestras regiones.

Cuando llegó la noche, nuestra pequeña familia regresó a casa. Felices con las compras que habíamos hecho, el dulce sabor del helado y los dulces aún en nuestros labios, entraríamos en un alegre lío, bajo la tierna mirada de nuestros padres, mis hermanos y yo en el insistente tap-tap que nos llevaría a casa.

A las siete... El chocolate está a punto de ser servido y en la mesa, nuestras tazas están listas para ser llenadas con esta sabrosa bebida que humea en la bandeja de esmalte blanco.

La bocina de la furgoneta del panadero se oye a la vuelta de la esquina. Una conmoción envía escalofríos a las casas de al lado y las amas de casa en batas de laboratorio floreadas, con sus rulos en la cabeza, luego los niños como yo, lavados y limpios para la escuela, se agolpan alrededor de la camioneta en una alegre cacofonía. BONJOU! (Buenos dias en criollo), las risas estallan, y yo, manejando las dos gourdes que mi madre me ha confiado, estoy en mi lugar, educadamente en la fila. 50 centavos de brioche, por favor!

Puedo ser alto, pero desde la altura de mis doce años, no he adquirido aún la confianza de los adolescentes, y el respeto que se nos ha enseñado hacia los adultos me hacen esperar pacientemente mi turno, aunque la vieja Domiciana se queje durante cinco minutos de su reumatismo y la bella Heloísa de la casa de atrás pase tres minutos intercambiando miradas y algunos chistes con Jacob el panadero, un notorio mujeriego. Todos sabemos que Jacob es su amante, y las malas lenguas dicen que ya está casado y tiene hijos en otro pueblo. Pero a Heloise no le importa, y se exibe descaradamente con él.

Me dan la dulce bola de pan que será nuestro desayuno, con una gran sonrisa:

- Benjie, ¿todavía decidido a ser nuestro futuro diplomático o el Césaire de Haití?

Estallan las risas pero se que son benevolentes, mi familia es respetada en el vecindario, por su amabilidad, nuestra buena educación, y somos gente honorable.

En dos minutos, el camión del lechero y luego el tendero estarán apuntando sus capuchas de colores en la esquina de la calle. Sé que tengo que esperar para completar los recados que mamá me pidió que hiciera para ella.
- 50 centavos de leche, por favor.
- 50 centavos de azúcar, por favor.

Exprimo preciosamente estas vituallas básicas que presidirán la primera comida familiar del día, consciente de que tantos otros niños, tantas otras familias no pueden permitirse ni siquiera este mínimo de comida, todos los días, y bendigo a mis padres por su dedicación a nuestro bienestar, bendigo al Señor que nos proporciona nuestra mesa todos los días y nos permite estudiar para salir de nuestra condición, para ascender en la escala social y ayudar a nuestros hermanos más pobres a su vez.

El olor del brioche caliente y suave me pone agua en la boca, recuerdo que tengo hambre y que mis hermanitos esperan que rompa el ayuno de la noche.

# EL POETA CON EL CORAZÓN HERIDO

Unos años después de que mi padre tuviera la oportunidad de abrir su propia panadería, nuestra situación se volvió más cómoda. Nos mudamos a una casa más luminosa y espaciosa en Bizoton, en los años ochenta. Había elegido un camino de formación profesional para poder actuar más rápido.

Sabía, sin embargo, que algún día seguiría estudios que me llevarían mucho más lejos y estarían más en línea con mis inclinaciones naturales, escritura, bellas letras, idiomas, diplomacia.

Mis ambiciones no tenían límites, pero me dije a mí mismo que todo llega a su tiempo.

Así que asistí al Colegio Canadiense-Haitiano, obteniendo mi licenciatura profesional y mi diploma de molinero.

Tuve la oportunidad de tratar con personalidades de hombres y mujeres entrañables con un carisma extraordinario. Estas personas me apoyaron sin descanso y me empujaron a perseverar, entre ellos mi amigo Frantz Berrouet.

Mi gratitud por ellos sigue siendo inquebrantable.

Éramos en edad de las primeras emociones y del amor romántico. Unas semanas antes de cumplir los dieciocho años, mi corazón comenzo a sentir algo muy especial por una jovencita que estudiaba en un colegio cercano y sus padres iban a la misma iglesia que nosotros los domingos. Se saludaban, pero no se conocían realmente.

Noeliane se convirtió en mi musa, me inspiró con los ardientes versos que le dediqué en mi corazón, sin poder revelarle nada. La encontré de camino a la escuela y le di miradas furtivas, pasó por allí sin verme, acompañada de una amiga llamada Clarisse y que todos los chicos de la escuela decían que no era tímida y que era bastante salvaje. Algunos se jactaban de haberla besado o de haber entrado en relaciones más íntimas, incluso implicando que Noeliane estaba empezando a seguir el mismo camino.

Me molestaban estos comentarios, a veces defendía a las chicas pero no me atrevía a comprometerme demasiado por miedo a que los demás entendieran lo obsesionado que estaba por el pensamiento de Noeliane y decidieran ir a contarle cosas sobre mí.

La quería y la respetaba; los comentarios hechos contra su amiga también la ensuciaban y no podía aceptarlos.

Soñé despierto, sentado frente a la puerta de la cocina, con la barbilla en las manos y los codos en las rodillas. El pequeño cuaderno de poesía que acabo de empezar se ha caído al suelo, pero no tengo ganas de levantarlo.

Ante mis ojos semi-cerrados está la silueta de Noéliane, flexible, delgada como la liana cuyo nombre lleva, me digo a mí mismo. Vuelvo a dibujar en el pensamiento sus curvas, su delgada cintura, su tierno cuello con los pocos rizos que suelta en su cuello, sus cintas de colegiala, recuerdo su sonrisa tan suave y su mirada como agua en calma. Tiene un cutis de caramelo lechoso, hoyuelos de bebé en las mejillas. La encuentro tan conmovedora.

Mi madre me mira sin decir nada y me hace entender, mientras prepara un flan de coco de postre y parece absorta por el batidor que hace nevar los blancos, que mi secreto no es uno para ella.
- Hey, ti bonhomme, wap mouri pou ti dame ça, fok ou wé klé nan kè ou, si ou vlé parlé avèl, pa reté tan kè vè ya vine nan fri ya, pas ké zami ça. Pas bon ditou.

Lo que significa:

-Pobrecito, te mueres de amor por esta chica, tienes que ver claramente en tu corazón, si quieres hablar con ella, me dice, no esperes a que el gusano esté en la fruta porque creo que su amiga no es un buen ejemplo para ella y es mejor ser claro en eso también.

Quedo perplejo porque nunca hubiera imaginado que me descubrirían de esta manera.

-Pero, mamá...

-Tut, tut, tut mi niño una madre conoce a sus hijos y durante semanas has estado escribiendo en por lo menos tres cuadernos de poesía y especialmente los domingos después de la misa, o cuando vuelves de la escuela, no escribes para el Buen Dios, pequeño cabrón, y siempre te sientas para que tus ojos estén siempre pegados a la joven.

Pero puedo decirte que esta también te ha estado mirando unos cuantos domingos aunque pretende ser indiferente. Reconozco que es una chica muy hermosa, pero saber cómo es por dentro, porque eso también es importante, muchacho, recuérdalo.

Nunca he dudado del juicio de Madre, pero ese día, su previsión me sorprendió y complació. Ella es realmente una persona excepcional. Tiene la inteligencia de su corazón.

Tomé la decisión de acercarme a mi chica e invitarla a salir.

Casi no tenía experiencia amorosa excepto por un par de besos furtivos robados en un baile escolar el año anterior de una compañera de clase que tenía más experiencia y se había burlado de mi torpeza cuando puse mis labios en los suyos.

Ella me había dado algunos besos "reales" de adultos, como dijo, y me dejó acariciar su cuerpo, primero a través de su vestido, y luego explorar lugares más íntimos, siempre y cuando usara sólo mis manos y le ofreciera en cambio una bebida y una rebanada de pastel después, y tal vez una película. Como estaba guardando las cinco calabazas que mi madre me daba todos los domingos, tenía algo de dinero en reserva y le prometí lo que quisiera si me permitía seguir explorando. Así fue como descubrí los misterios ocultos del ser femenino y me dejaron al revés, como si estuviera deslumbrado.

Guardaba en la mente, en una niebla, visiones furtivas, cuando llegué tarde a casa y, tomando un callejón oscuro, había visto varias veces a nuestra vecina Heloise apoyada contra una pared y a Jacob el panadero, yendo y viniendo, de pie entre sus piernas separadas. Haciéndome discreto, casi invisible, los había oído a ambos respirar muy fuerte, y luego estaban gruñendo y recuperando el aliento mientras Heloise se ajustaba las faldas y Jacob se subía los pantalones. Luego se besaron durante mucho tiempo en los labios.

Los espié, tratando de imaginar exactamente lo que hacían y estos pensamientos me hicieron sentir deseos extraños. Sentí nuevas emociones y respiré jadeando como ellas. Sabía que no debería haber sorprendido este tipo de cosas, pero no me escapé y desde detrás de un muro bajo un poco destartalado, intentaba ver más, las mejillas en llamas.

Así es como los adultos hacían el amor, y yo los envidiaba por tener el poder mágico de encontrar al que respondía espontáneamente a su deseo. Las pocas contaminaciones nocturnas, que eran prerrogativa de los adolescentes, que me agitaban, me dejaron jadeando y avergonzada cuando descubrí mi cama por la mañana.

Ahora puedo decir con certeza que no habíamos hecho el amor, pero que el deseo y los besos fuertes ayudaron, mi pequeño amigo me había abierto horizontes culpables pero tan agradables.

Con este recuerdo que me hizo pensar que me había convertido en un verdadero macho, pensé que cuando llegara el momento, impresionaría a mi dulce amigo y que sentiríamos estas emociones extremas juntos.

A partir de ese día, me encontré con ella en muchas ocasiones, la saludé, la invité a tomar un helado o un zumo de fruta, en cafeterías frecuentadas por jóvenes de nuestra edad. Me convertí en su caballero de brillante armadura, pero nunca me atreví a revelarle mis verdaderos sentimientos. Me pareció que era algo natural y que ella los compartía. Le escribí poemas ardientes de amor, que ella escuchaba sin decir nada, pensativa...

A veces lo apreciaba con un movimiento de cabeza y una presión en mi mano y me parecía maravilloso. Todos los días posponía el momento en que la abrazaba y le daba el beso lánguido que imaginaba, como en las películas. Por el momento, discutíamos ideas, compartíamos risas locas, intercambiábamos chistes, hablábamos de nuestros proyectos profesionales. Noéliane quería ser maestra o enfermera, profesiones que nuestro país necesitaba, y yo aprecié su vocación a favor de los demás, los niños o los enfermos.

En cambio, pensaba en relaciones más físicas que empezaban a obsesionarme mientras ella hablaba y miraba fijamente sus labios hinchados. Estaba convencido de que no iría inmediatamente tan lejos con ella como lo había hecho con mi compañera de clase unos meses antes, para no asustarla, ya que me parecía tan pura, tan inocente.

Los domingos me tomé la libertad de sentarme con ella en la iglesia bajo la atenta mirada de nuestros padres, que se veían más a menudo, ya que mi madre, con el pretexto de preparar la fiesta parroquial, les había invitado una tarde a tomar café y les había obsequiado con montones de galletas, buñuelos y pasteles, hechos con diligencia.

Nosotros, a su vez, habíamos sido invitados a la casa de los padres de "mi amiga" y su madre había querido rivalizar con la mía en generosidad y conocimientos. Pero nuestro amor seguía en la misma etapa, y temía que pudiera asustarla, que pudiera romper algo haciendo gestos más íntimos hacia ella. Sin embargo, mi deseo me torturó y se hizo cada vez más visible; estaba confundido e incómodo frente a ella. Necesitaba el coraje de decirle cuánto la amaba, y con las vacaciones de Pascua acercándose, temiendo que la vería menos a menudo, tomé una decisión.

¿Cómo podría encontrar una oportunidad especial para pasar varias horas con ella y lograr mis objetivos? No quería que Clarisse, que la seguía como una sombra, viniera con nosotros, y decidí hablar de ello con Benny, un amigo de mi escuela que hablaba a menudo de Clarisse y parecía conocerla bien.

- ¿Clarisse? ¿Quieres que invite a Clarisse a ver a Noelian? Benny estalló en risa cuando le dije mis intenciones. "¿Hablas en serio? Sabes que a Clarisse la conozco al dedillo, aún se estaba riendo, no será una sorpresa hacérmelo una vez más... ¿Tú pagas la ronda? ¡Deberíamos ir los cuatro, así perderás tu virginidad!"

Benny estaba agachado riéndose, ¿se estaba riendo de mí?

Su vulgaridad y falta de respeto me dejaron aturdido y enojado, pero lo necesitaba.

Fingí que no entendía y acordamos ir a un club frecuentado por jóvenes de otro barrio para no llamar la atención y el sábado siguiente llevar las chicas a bailar.

Estaba revisando las camisas que mi madre había puesto en una percha y las dos corbatas que usaba los domingos y días festivos, pero ninguna de ellas parecía lo suficientemente buena para la noche de mi "pseudo-compromiso" en la privacidad de mi propia casa. No sabía hasta qué punto mi madre podía haber invertido en ropa nueva para esta ocasión, porque aunque nuestra situación había mejorado cómodamente, los estudios eran cada vez más caros, mis hermanos estaban creciendo y mi padre se había endeudado para abrir su negocio.

Un poco desilusionado al ver cuellos o puños ligeramente usados, del color demasiado oscuro de mis corbatas, que de repente pensé que estaban pasadas de moda, miré con tristeza mi guardarropa.

Como siempre, en la persona de mi madre, entró el hada buena, y delante de mí, con sus camisas extendidas sobre la cama, comprendió y con su sonrisa benévola, con su voz suave me dijo:

- ¿Y bien, muchacho? ¿Pasa algo malo?

Estaba al borde de las lágrimas, ¿cómo podía presentarme ante Noéliane, en una pista de baile, en el momento en que creía que me estaba confesando, concretando mi amor, sin ropa bonita?

Mamá me tomó en sus brazos y me susurró:

- No tengas miedo, lo arreglaremos. ¿Puedes esperar hasta mañana?
- Por supuesto, mamá, es sábado", respondí, mordiéndome los labios demasiado tarde, ya que había levantado parte del secreto.

Mi madre volvió a sonreír:

- "Ah, Benjie, siempre serás tan inocente como un ángel. Me ocuparé de eso, pero, hijo mío, hay algo más de lo que preocuparse. Sé lo que es el celo juvenil. No hagas lo irreparable, y mantén siempre el respeto de la chica que amas. Entonces, voy a ver a tu padre, debes hablar con él, entre hombres, nos entendemos mejor para ciertas cosas.
- Gracias, mamá, te quiero mucho.

Mi madre se puso de repente los ojos húmedos y se dio la vuelta.

- Estás creciendo tan rápido, mi buen hombre, tan rápido...

Esa noche mi padre salió a la puerta para encender su pipa nocturna, y tomando su silla de mimbre, con un pequeño vaso de ron a mano, se sentó y me pidió que le hiciera compañía. Al principio me alarmé con su discurso, pero con su calma habitual y su aire aprendido, me dijo las cosas del amor. Me advirtió y me dio dos condones que me atreví a tocar, y me pidió que los usara sabiamente. Nunca se me había ocurrido, a pesar de las clases de ciencia que habíamos recibido sobre ETS, la anticoncepción.

Como muchos jóvenes adolescentes, cuando los profesores sacaron este capítulo, pensé que era una gran idea, pero me reí estúpidamente con los otros. Ahora, cuando me pusieron contra la pared, toda esta enseñanza había quedado en letra muerta, como si nunca me hubiera preocupado, y estaba agradecido a mi padre por haber tenido esta conversación conmigo.

Al día siguiente, cuando volvía a casa de la clase, encontré en el respaldo de mi silla en el dormitorio, una camisa blanca, con un discreto bordado, un monograma, en el bolsillo del pecho, una corbata de colores vivos con flores, y además un par de zapatos, colocados en el gran cofre de madera a los pies de mi cama, mocasines blancos con una hebilla de metal en el lateral, en mi opinión, el más elegante del mundo. En mi mesilla de noche había un frasco de Eau Sauvage de Christian Dior, que me dejó perpleja: "¿Cómo pudo mi madre gastar tanto dinero? ». Me quedé atónito y una vez más, mi gratitud a mis padres se multiplicó por diez y su amor por sus hijos me asombró.

Un sábado había estado esperando con el corazón a flor de piel la cita con mis amigos. Una larga tarde, en el torbellino tropical, no podía esperar.

Cuidé mi baño, observando diez veces seguidas mi reflejo en el espejo frente al cual pasé y volví a pasar. Escuché a mi hermano menor riéndose en su capa, y me apostrofó:

-   ¿Eres un ministro o te vas a casar?

Sin decir una palabra, no levanté la cabeza y salí de la casa discretamente. Descubrí con alegría los dos billetes que mi padre o mi madre habían metido en el bolsillo de mi chaqueta ligera.

Me apresuré a ir al lugar donde todos nos reuníamos. Las chicas y Benny, que se habían metido en un bonito baño, estaban interrumpiendo un poco, y mi amigo hizo un silbido de admiración cuando me vio:

-   ¡Vaya! Guapo caballero... hola, mi príncipe.

Esas palabras hicieron mucho reir a las chicas, y me han hecho una especie de reverencia, y yo puse un beso respectuoso sobre la mano de cada una de ellas, para continuar en esa línea, pero dirigiéndome a Noeliane, sussuré:

-   "Hola, mi princesa", poniendo en esas palabras todo el amor y la sinceridad que tenía en mi corazón.

Estaba vestida de blanco y se había soltado el pelo que se le rizaba sobre los hombros. Me pareció que olía a madreselva. La vi por primera vez como una joven y no como la adolescente, la colegiala que había conocido hasta entonces.

Mis ahorros, más el gesto generoso de mis padres, nos permitieron tomar un taxi, el último lujo, en lugar del polvoriento tap-tap que nos llevaría al club de l'Escale. Bebimos varias cervezas, compañeros felices, y intenté en varias ocasiones llevarme a Noéliane, pero se veía triste y era difícil separarla de Clarisse y esta última, sin negar su reputación, besó a Benny en los labios, bebió cuba libre, una mezcla de ron y coca-cola muy apreciada por los jóvenes de nuestra generación, incluso fumó cigarrillos americanos {punta dorada, con aspecto libre y sin complejos. Benny se aprovechaba de ello y a veces me guiñaba un ojo por encima del hombro de la chica, sosteniéndola fuertemente contra él y saludando al sonido de la brújula, de forma obscena, contra ella.

Finalmente, en un momento dado pude besar a mi amante, por sorpresa, e hice que ese beso durara mucho tiempo. Ella no lo rechazó y yo me puse más atrevido, pero no fue muy cooperativa, no quitó los ojos de la pareja que formaron Benny y Clarisse. No entendí su actitud. Me dejó acariciar su pelo, la cara, la cintura, pero sin ardor. Su falta de entusiasmo era evidente y antes de lo esperado me preguntó si podíamos ir a casa porque ya había tenido suficiente, se sentía cansada. Apenas eran las siete. Volvimos a subir a un taxi y, curiosamente, Clarisse subió primero al coche y se puso de pie contra mí, mientras que Benny se había puesto al lado del conductor y Noéliane se había movido hacia la otra puerta, como enfurruñada. No tuve tiempo de reaccionar, Clarisse se apoyó en mi hombro, intenté acariciar el cabello de Noéliane pasando mi brazo por encima de la cabeza de Clarisse pero en vano. Ella no buscaba el contacto. No sabía qué hacer, decepcionada, triste, preocupada... Dejamos a las chicas al pie de su edificio y mi amigo Benny se separó de mí golpeándome en el hombro:

- Ves, son todos así, impredecibles. Tienes que tomar lo que viene, y el resto... Me lo pasé muy bien, adiós hermano.

El final de esa noche aún resuena dolorosamente en mí. Mi primer amor sabía a cenizas; culpo a Noeliane, a Benny, a su novia, al mundo entero. Y no quería pedir explicaciones; su actitud me había herido, por eso desde ese día me califiqué como "el poeta con el corazón herido".

«Oh triste, triste era mi alma
Por, por una mujer.
No me consolé
Aunque mi corazón se ha ido.»

*(Paul Verlaine: Romances sin palabras)*

La serie de días grises, noches de insomnio, preguntas y penas, no se les escapó a mi madre y a mi familia, y fueron discretos. No me hablo al respecto, pero, Margarita, me miraba con una mirada triste y a veces una lágrima brillaba en sus mejillas, que limpiaba discretamente con el extremo de su tela blanca.

Esperé el domingo siguiente, con cierta perplejidad y mucha angustia. Me preguntaba si repetiríamos esta experiencia.

Teníamos que volver a clase, era la recta final. Caminé como un fantasma, indiferente a todo, ya que no me había dado ninguna señal de vida desde que nos fuimos, y no me encontré con ella en el camino a la escuela. ¿Debería haber ido a verla? ¿Escribirle? Y una noche la vi sentada en un banco de aquella plaza donde habíamos pasado tantos momentos deliciosos; se reía, inclinaba la cabeza hacia atrás, y Benny, que la tenía en brazos, le cubría el delicado cuello con besos; junto a ellos, Clarisse, como era su costumbre, estaba siendo manoseada por William, un chico que conocíamos bien, un chico malo que había dejado la escuela. Lo entendí entonces. Intenté pasar desapercibido, a pesar de mi gran altura, y tomé la acera de enfrente. Ella estaba realmente enamorada de Benny. Recordé sus lenguas, sus sueños, sus suspiros cuando le leía mis poemas de amor, sólo revivían en ella el recuerdo de aquel a quien su corazón se inclinaba. Estas emociones no eran para mí. Abrí los ojos, sintiendo que era objeto de su burla, de su indiferencia. Mi corazón se rompió dolorosamente.

Concebí el rencor y los celos, pero recordé las palabras de mi madre: "Respeta a la chica que amas". ¿No debería respetar su elección, los caminos de su corazón, a expensas de los míos? Amar es dar sin contar.

Me fui sin mirar atrás.

"Te gustaría saber con palabras lo que siempre has sabido en tu mente...
Siempre querrás tocar el cuerpo desnudo de tus sueños con el dedo.
Y es bueno que hagas...
El alma no camina sobre una línea de cresta, ni crece como una caña...
El alma se despliega como un Lotus con innumerables pétalos"

**(*Khalil Gibran*).**

Arruinado en mis esperanzas, no quería hacer sufrir a mi madre mostrándole mi decepción. Las vacaciones se acercaban.

Así sentí mi propia apertura, después de las lágrimas, a otras riquezas, a otros tesoros aún desconocidos. Tomé la decisión de solicitar una beca de los Estados Unidos y así irme de aquí, al menos para encontrar un trabajo.

Triste, por supuesto, por dejar a mis padres, mi país, pero convencido de que todo sufrimiento te hace avanzar en el conocimiento, y que mi destino me prohibía resignarme, me sentí fuerte en esta decisión y me invité a mí mismo para las próximas grandes vacaciones a la casa de uno de mis primos que vivía en Nueva Jersey y que a menudo me había ofrecido de unirse a él, en su nueva patria, jurándome que había oportunidad para todas las personas trabajadoras y motivadas como yo.

Mis padres pensaron que era una decisión sabia, aceptaron la idea de mi próxima partida.

- Ve, muchacho, cumple tu destino, pero no olvides tus raíces. Mi madre Margaret lloraba en secreto, y mis hermanos hacían muchas cosas. alusiones a este país que me esperaba, este país donde tenemos tanto éxito, donde somos tan ricos. Vieron este viaje como una salida a la "Tierra Prometida" donde fluía la leche y la miel. Y me despedí de mis maestros, del viejo pastor que me había educado en la fe, con gran emoción.

Mi padre me abrazó durante mucho tiempo sin decir una palabra.

# LOS FILETES DE ARIANE

"Quiero vivir en América"

Nueva York me acogió en una calurosa tarde de agosto; mi primo Justin, al que no había visto desde que emigró, me estaba esperando. Lo encontré de nuevo con alegría y acepté su invitación de quedarme con él, durante mi estancia. La duración de mi estancia dependía del trabajo que pudiera encontrar, ya que actualmente sólo disponía de una pequeña beca para asistir a la Universidad de Brookdale para seguir estudiando y perfeccionarse en inglés.

Justin tenía un amigo de la comunidad haitiana que tenía un pequeño negocio y que parecía interesado en mi título de carpintero. Debíamos reunirnos con él unos días después.

Me tomé el tiempo de descubrir esta ciudad donde todo parecía rico, abundante, desmesurado. Admiré los hermosos y relucientes coches que corrían por las avenidas perpendiculares, pude finalmente ver por mí mismo la Estatua de la Libertad, todo un símbolo para nosotros, pueblos nacidos de la esclavitud que se habían sacudido el yugo de la opresión y creado la primera república negra. Vagué con Justin por Broadway, deslumbrado por los brillantes signos de los espectáculos, vi el río Hudson fluir nostálgicamente, en una ligera neblina una mañana de septiembre. Levanté la vista, impresionado por el Empire State Building y los rascacielos que llevaban sus nombres.

Finalmente, Antonin Mercery accedió a firmar el contrato de trabajo que iba a cambiar el curso de mi vida. Tomé un estudio en Roselle, y mi primo, me ayudó a mudarme. Como los costes de instalación parecían muy altos, tomé un segundo trabajo y entré en una pizzería para lavar los platos, porque la hora tardía de este trabajo me permitía ir durante el día a casa de Antonin, para asistir a clases de inglés tres tardes a la semana de seis a ocho y llegar a Mario's a las nueve y media de la noche para empezar a lavar las pilas de platos, cubiertos, vasos, bandejas de pizza y limpiar la cocina con la ayuda de Clara, una mujer italiana carnosa y amable que tarareaba arias de ópera mientras trabajaba. Con ella descubrí a La Traviata, Don Juan, Mozart, Donizetti, Pucini y Verdi. Después del servicio, Mario nos permitía comer. Sacaba jamón, salami, otros embutidos, mozzarella, vino rosado fresco, una barra de pan frotada con ajo y cenábamos, casi en familia. Clara me confió que quería tomar clases de canto, que no se quedaría toda la vida como sirvienta en una pizzería, y que este pequeño salario le ayudaba a pagar el alquiler en casa de una tía vieja. Le dije que quería ser poeta, profesor y diplomático.

- ¿Todo eso al mismo tiempo? Y asintió con la cabeza en señal de duda, susurrando: "Mi pobre Benjie, estás soñando, pero es bueno tener sueños", dijo. ¡No tienes veinte años!"

El ambiente en la pizzería Mario's Place era cálido y amistoso. Trabajábamos allí de buen humor y a pesar del cansancio y de la falta de sueño, lleguaba allí con gusto.

Durante dos años, esta vida tranquila se convirtió en una rutina intercalada con exámenes y salidas con los amigos que empecé a frecuentar. Durante las vacaciones, me iba de aventuras a los estados circundantes para conocer mejor este inmenso país, y de vez en cuando volaba a Los Ángeles para quedarme con el hermano de Justin, mi otro primo, que vivía en un lujo increíble. Me juré a mí mismo que tendría éxito como él, que tendría una casa tan grande como la suya y una esposa maravillosa, dos hijos bien educados.

Su vida en California me pareció algo digno de una telenovela.

La soledad emocional, a pesar de las pocas conquistas femeninas y las pocas noches pasadas con mujeres por un día, por una noche, me pesaba. Ninguna parecía ser adecuada para llevar a cabo mis proyectos. Y siempre, con la mente ahogada en la poesía y la literatura, recitaba a Gerardo de Nerval, Baudelaire, Verlaine y se me apretaba la garganta; pero no podía volver atrás, mi destino era continuar y acostumbrarme al máximo a mi nueva patria que quería que fuera mi tierra adoptiva para siempre.

Los domingos asistía a la iglesia bautista de mi barrio de vez en cuando y participaba en el coro. Cantar para el Señor me dio una exaltación indecible. Mis progresos en el inglés eran deslumbrantes, lo hablaba con fluidez, pero decidí continuar un curso de nivel superior que me permitiera realmente inscribirme en cursos de literatura y transformar mis equivalencias en francés en la Universidad. Mi ambición fue tomando forma poco a poco.

Di regularmente noticias de todo esto a mi familia en Haití y sabía que mis padres estaban muy orgullosos de mí.

El tiempo pasó, y me anclé en mi nueva vida con placer.

Ciertamente estaba pensando en mi país natal, pero esta separación fue un bien necesario, un logro. Comencé el proceso de obtener la ciudadanía americana.

Estaba seguro del futuro, entusiasmado, con algunas conexiones interesantes en el mundo académico al que asistía junto con el mundo laboral, integrándome sin problemas en este cosmopolitismo que valoraba más que nada. Amaba la sociedad americana con sus cualidades y defectos, y me dije que la literatura, el arte y la poesía no tienen fronteras y son la expresión del pensamiento creativo universal. Me sentí parte de una gran y privilegiada corriente humanista que abrió el camino al mundo y mostró el camino a la luz. Me sentí grande y poderoso, decidido a vivir la vida al máximo.

Compré mi primer coche, un Lexus de segunda mano, pero me dio más felicidad que un Bentley o un Rolls de un billonario. Elegí mi ropa con cuidado, quería ser elegante, refinado, cortés. ¡Quedan tantos sueños por cumplir!

No me quedé mucho tiempo comparando mi vida en Haití con la que estaba empezando en Estados Unidos, sin comparación, sin arrepentimientos, excepto que no veía a mamá Margarita con regularidad, ocupada alrededor de su estufa, planchando cuidadosamente nuestras camisas limpias, sonriendo, con la cabeza un poco inclinada hacia un lado, escuchándonos contarle nuestras historias, mi padre balanceándose en su silla de mimbre por la noche, con su vieja pipa y su vaso ritual de ron, mis hermanos menores interrumpiendo.

El ajetreo de Puerto Príncipe no tuvo nada que ver, por supuesto, con el rugido de las calles de Nueva York, el autoestopistas que gritan sus mercancías, burros que descargan sus coloridas cestas en el mercado, mujeres que saludan con fuerza, niños de ojos brillantes que se escabullen, a menudo descalzos, muchachas jóvenes que ríen y seducen por su sencillez y en la distancia, el ruido del mar, las velas de los pescadores, sin olvidar las calles mal pavimentadas, los grifos abarrotados, el humo, la miseria, el miedo a veces. Cerré los ojos y vacié mi mente para olvidar esos lados oscuros de mi país... Tenía recuerdos pero estaban guardados en un cajón de mi memoria.

# ARIANE IN MI VIDA

**CREO**

Creo que el amor puede durar toda la vida...
Y el corazón puede definir cuando el amor es real...
Creo que puedo arriesgarme
Y decir lo que siento

Creo que podemos ser felices
Haciendo lo que nuestros corazones dicen
Creo que el amor puede durar toda la vida...
Y quiero pasar esta vida amándote, mi amor.

### *(Lágrimas de amor, Benjamín Lociano)*

El verano estaba llegando y también las vacaciones. Sabiendo que tendría más tiempo, decidí tomar un trabajo extra para poder ahorrar un poco más de dinero.

Mi jefe, Antonin, conocía a un taxista que iba a México por seis semanas a ver a su familia, y al escuchar Jorge quejandose de dejar a sus clientes habituales, me ofrecí a reemplazarlo en las horas que había pasado en el correr. Jorge estaba satisfecho, aunque yo sólo podía tomar el trabajo a tiempo parcial, especialmente por las noches. Hicimos un acuerdo financiero y pronto estuve en su taxi, que estaba apostado en una estación no muy lejos de mi casa. Esto me hacía llegar a casa muy tarde, tomar un baño exprés y dirección Mario's en el último turno, pero me gustó trabajar y ganar experiencia en diferentes campos, mezclarme con gente desconocida, mientras me ganaba la vida más cómodamente. El trabajo del taxista tenía su lado bueno, las propinas. Algunos viernes o sábados por la noche, casi doblaba el pequeño salario que había acordado con Jorge. Y cuando me enteré de que prolongaba su estancia en México, acepté seguir sustituyéndolo hasta septiembre. Mi trabajo de verano era seguro. Sobre todo porque el lunes, mi día libre, en casa de Mario, trabajaba durante más de diez horas seguidas. Mis semanas fueron muy ocupadas, no me quedaba tiempo libre.

No sabía lo que pensaria mi prometida de eso ya que estará mucho tiempo sola. Debería haber ido a casa de su familia, pero no nos gustaba la idea de estar separados durante varios días.

- Escucha, Benjie querido, no quiero volver con mis padres, tambien tendría que encontrar un trabajo de vacaciones, para mejor asegurar mi próximo año académico. Sin embargo hay un problema, tengo que dejar el apartamento que comparto con mi hermana, porque ella quiere irse en definitivo, tiene su título profesional y podrá encontrar un trabajo cerca de la casa. No podré pagar el alquiler por mi cuenta.

Parecía muy preocupada.

- ¡Entonces ven a vivir conmigo!

Mi corazón se había expresado espontáneamente. Ariane gritó:

- ¡Por fin! Pensé que nunca me lo pedirías, vamos a vivir nuestro amor, a la intemperie.

Se levantó de un salto y aplaudió como la niña que vi en ella.

Su alegría era verdaderamente mía, porque los encuentros de fin de semana, nuestros abrazos secretos, nuestras salidas siempre acortadas, me dejaban un sabor de insatisfacción cada vez que la acompañaba a su casa.

Apenas podía creer en esta nueva felicidad, completa, de amar y ser amado, de compartir mi vida diaria con el elegido en mi corazón, de tener un trabajo, de tener éxito en mis estudios... Pero era mi deseo más querido, y la vida finalmente me sonrió. ¿No era yo el hombre más feliz? ¿Había abierto el camino a un nuevo destino, uno más pacífico, más alegre? Si este era el caso, entonces sabía que todo se debía al encuentro con "mi ángel" y estaba aún más enamorado de él.

Empezamos a establecernos con risas y besos. Todo terminó en un día, y para celebrar el evento, llevé a la mujer que ahora llamo mi esposa a una cena digna en un restaurante, mexicano, en honor a Jorge, sin duda, que me dio la oportunidad de mejorar mi condición.

548 Main Street, en Orange. El lugar pertenecía a Jesús Salas, de quien había oído hablar por algunos amigos latinoamericanos.
La entrada del restaurante "El Bandido" evocaba una típica hacienda mexicana. Incluso había un pozo falso, un patio con geranios y cactus en maceta. Tan pronto que pasamos la puerta, nos recibió un amable camarero hispano, afable, que se apresuró a buscarnos una mesa. Como todos los camareros, estaba vestido con un pintoresco traje del siglo pasado, tenía un amplio cinturón de tela negra o roja, una camisa blanca mangas abullonadas, chaleco negro. Me llamó la atención la simplicidad calculada del mobiliario rústico, sobrio y alegre a la vez, las mesas de madera pero curiosamente pintadas de rojo brillante y las sillas con altos respaldos esculpidos como en el estilo español, las paredes encaladas, todo esto era el aspecto original del lugar, pero sobre todo miré con placer las pinturas, recordando las obras de los famosos muralistas mexicanos y contando la historia de la Revolución. Creí reconocer escenas de Ribera y Orozco, reproducidas por un artista local, probablemente un amante de los colores con contrastes violentos. Los personajes se reproducían de forma muy realista y su mirada parecía ir a lo más profundo de tu ser.

Fui transportado al paréntesis del pasado reciente, de las avenidas de Nueva Jersey, de los rascacielos de Nueva York, de la era del teléfono celular, la computadora, el progreso científico, los programas nucleares y las estaciones orbitales en el cosmos, pensé, pero fueron esos duros, andrajosos y barrigones los que trajeron los vientos de la libertad a su país que había sido desangrado por la dictadura. Se habían liberado de ella, dirigidos por un Pancho Villa con un gran bigote, cuya mirada de brasa nos miraba desde la pared frente a nuestra pequeña mesa. Y habían derramado su sangre por sus ideas... Cerré los ojos por un segundo y volví a ver los rasgos de Toussaint Louverture y su mirada tan negra como la de Pancho Villa, como si me estuviera señalando. Tenía un retrato de él en casa. Me lleno un extraño sentimiento de fraternidad por estos luchadores de "la Revolución", y compartí su ardor vengativo, su legítimo reclamo por el pedazo de tierra que cultivaban, yo que no tenía nada propio, ni tierra ni casa, yo que era un seguidor convencido de la no violencia. Nuestra alma humana es maleable y débil. Puede adoptar en pocos minutos tendencias desconocidas. Debe ser fuerte e invulnerable ya que es el aliento de Dios. Me sonrío a mí mismo y a mi exaltación interior. Del sueño a la realidad, hay tanta distancia.

¿Cómo podría, a través de esta evocación silenciosa, escapar de la presencia de Ariane? Confundido, volví a la realidad. Ariane, toda de muselina beige, se había tomado su tiempo para sentarse en el banco que corría a lo largo de la pared, hacer rizos con un gesto elegante, sacó discretamente su pequeña polvera de su bolso para comprobar el brillo rosa nacarado de sus labios, y con la barbilla en las manos, los codos sobre la mesa, ahora paseaba sus atentos ojos sobre los murales. Sentí un impulso irrefrenable de besarla, de tenerla en mis brazos, pero ahora que vivíamos bajo el mismo techo, tenía que controlar esos impulsos, ya que todo el tiempo nos pertenecería.

El menú ocupó toda nuestra atención: "Camarrones a la mexicana", "Nachitos con guacamole, Quesadillas, Tacos, Tortillas, Chile con carne, Parrilladas", todo nos daba ganas. Bebí un tequila, luego dos, luego tres, ofrecidos por el jefe, mientras empezamos con un "margarita" bien hecho, y luego compartimos una buena botella de vino tinto muy afrutado. Y mi compañera se tragó un pequeño vaso de "Licor 43", como digestivo después de la crème brûlée de naranja. Me sorprendió que no bebiera alcohol en general. ¿Tenía que ser un día tan especial para que ella rompiera sus hábitos? Reputado y un poco gris en lo que a mí respecta, vi la vida con la mejor luz posible. El momento culminante de la velada fue la serenata que nos dieron dos jóvenes "Mariachis" que tocaron para nosotros "La Cucaracha" y "Cielito Lindo", seguida de canciones de un repertorio más moderno desconocido para mí, pero siempre en ese ritmo salvaje que refleja el ardor del temperamento mexicano. Qué fiesta! Habíamos acompañado a los cantantes para el coro, aplaudimos para marcar el tempo, aplaudimos juntos para romper el ritmo. La alegría y la atmósfera despreocupada reinaban en este pequeño restaurante.

"Con ese lunar, que llevas cielito lindo
junto a la boca,
no se lo dés a nadie
cielito lindo que a mí me gusta.
Ay, ay, ay, ay, canta y no llores,
porque cantando, se alegran,
cielito lindo
Los corazones..."

Fuimos objeto de toda su atención. ¿Fue la belleza de Ariane o la joven pareja de amantes que formamos lo que atrajo tanta simpatía? La gente feliz irradia felicidad a su alrededor, y esto reforzó mi creencia de que por fin estaba viviendo una vida maravillosa y que había tomado la decisión correcta.

El restaurante consistía en una sucesión de pequeños salones abovedados, cada uno con cinco o seis mesas. La luz tenue también fue proporcionada por velas que hicieron la atmósfera general muy íntima. Antes de salir del restaurante, eché un último vistazo a un cuadro que representaba "El Águila y la Serpiente", en memoria de la leyenda de la fundación de la antigua Tenochtitlán, esta magnífica ciudad de los aztecas, una joya arquitectónica de esta civilización. ¿Qué hicieron los conquistadores de Cortés con él?

Luego vi a la Virgen de "Guadalupe" en su nicho en el fondo, venerada no sólo por los mexicanos sino por muchos pueblos del Caribe. Su sonrisa me preocupaba, parecía estar enviándome un mensaje especial, tenía la extraña sensación de que ya la había visto antes.

En algún lugar, hace años. Finalmente, descifré el lema inscrito en un cartel de colores brillantes: "En tanto que permanezca el mundo, no acabará la fama, la gloria de México Tenochtitlán" "En tanto que dure el mundo, la gloria, la fama de México Tenochtitlán, perdurará". Y una vez más, admirando la pasión de esta gente por su lejana patria, me sentí como un hermano de armas, un exiliado, había en común el recuerdo de ese lugar, de las raíces abandonadas que llevábamos en nuestros cuerpos así como en nuestras almas.

Ariane se estableció, ligera como una mariposa de primavera en mi universo de soltero demasiado serio. Entré en la intimidad de sus objetos familiares, me acostumbré a ver sus artículos de tocador junto a los míos en el baño, su ropa en el armario junto a mis trajes, su perfume invadió poco a poco todo el espacio de mi estudio, que resultó ser bastante pequeño, finalmente. Ocupamos nuestros treinta y cinco metros cuadrados en poco tiempo. Me impresionó la forma en que una mujer llena un espacio y con un poco de nada, se las arregla para personalizarlo para hacer un nuevo hogar. Hicieron falta algunos gastos inesperados para hacerlo, como la compra de dos pares de visillos de colores brillantes para vestir las ventanas de nuestro gran salón, la adición de dos o tres cojines a juego en el sofá-cama que se dobló durante el día. Sin embargo, me resultó más difícil colocar un tablero de caballetes junto al escritorio en el que estaba trabajando para que pudiéramos trabajar juntos.

Una mesa de café y dos pequeños y cómodos sillones frente al televisor, dos plantas verdes frente a la ventana, un poco de vajilla extra ya que me había conformado con lo mínimo hasta entonces. Compramos dos grandes tazones de cereal con nuestros nombres pintados en negro y la Estatua de la Libertad pintada en rojo, y los colocamos en forma prominente en el mostrador de la cocina, y estos dos tazones representaba para mí la magia de la pareja, la vida de pareja, la ciudad de acogida, la libertad de hacer mi propia vida.

Ariane tenía muchos discos, cassettes y CDs que escuchaba todo el día, un poco demasiado alto para mí, que estaba acostumbrado al silencio, era uno de sus pequeños defectos a los que probablemente debería acostumbrarme. Leía y escribía durante horas por las tardes, y me molestaba su música o las telenovelas que veía en la televisión, pero me reprendía interiormente y a menudo por tener tan poca tolerancia, un remanente de mi vida demasiado silenciosa de viejo, y no le reprochaba nada, demasiado feliz de compartir su vida cotidiana. Los dos teníamos nuestras ocupaciones de día porque ella había conseguido un trabajo temporal en una empresa y nos reuníamos con impaciencia después del trabajo. Las horas que trabajé en el taxi fueron bienvenidas porque me ocupé de todos los gastos domésticos, pero también de los gastos de bolsillo de Ariane, peluquería, manicura, maquillaje, perfume, ropa, zapatos. No me atreví a preguntarle qué hacía con su propio dinero porque sabía que estaba ahorrando para pagar su segundo año de escuela y entendía que sus padres no la habían ayudado económicamente desde que vivíamos juntos. Así que tuve el tacto de no hacerle ninguna pregunta material, porque mis sentimientos por ella lo prohibían. Regularmente dejaba algunos billetes en el pequeño cajón de la cómoda, sin comprobar sus gastos y asegurándome una vez a la semana de que me sobraba lo suficiente. A veces el dinero se iba muy rápido, pero cuando la vi llegar con un nuevo peinado, una nueva blusa, una pequeña bufanda o un bolso que no conocía, no dije nada, porque sabía que todos sus esfuerzos de coquetería estaban destinados a mí, y aprecié esa intención.

Nuestras noches estaban llenas de ternura, de caricias, hacíamos el amor suavemente, siempre temía apresurarla y respetaba más que nada esta modestia, incluso después de varios meses de intimidad, que parecía ser, como un velo virginal.

Pronto me di cuenta de que tendríamos que mudarnos para mejorar nuestra comodidad lo antes posible, pero por el momento estaba viviendo momentos de sueño y descubrimiento. Fue la primera vez que una mujer se estableció permanentemente en mi vida, totalmente. Me lancé a la experiencia con la pasión por la novedad y la pasión que había en mí.

Nuestro nido de amor era modesto pero temporal y juré que ningún palacio de las mil y una noches había sido hogar de tanto amor y felicidad. Le leí una colección de Paul Géraldy, este poeta anticuado, que me gustó especialmente. Y recité, con los ojos cerrados, este pequeño poema que me pareció escrito para nosotros:

# ENTRA, ESTA ES MI HABITACIÓN.

Adelante, esta es la habitación temporal de repuesto,
Donde estaba solo, donde vivía esperándote,
Y mi tristeza con su lámpara y sus armarios,
Y esta es una foto de mi madre a los veinte años.
Aquí están los resúmenes de mis cursos y mis poetas...
Mis discos favoritos, mi Bach y mi Shubert,
El nuevo calendario o el día de su fiesta,
Está marcado con una cruz, y luego aquí están mis versos.

*(Tú y yo, por Paul Géraldy)*

# DESCONOCIDO DEL PARQUE

Pantalla de lámpara

¿Me preguntas por qué no digo nada?
Bueno, este es el gran momento;
La hora de los ojos y las sonrisas en la noche,
¡Y que esta noche te amo infinitamente!
Abrázame cerca de ti, necesito algunas caricias.
Si supieras lo que está pasando dentro de mí esta noche,
¡Ambición, orgullo, deseo, ternura y bondad!...

**("Tú y yo", de Paul Géraldy)**

El café pasó por la mañana, y en su aroma, corriendo las cortinas, desperté a mi amada, con besos en su cuello. Se estiró con un placer infantil o feliz de gato. Desayunábamos juntos y nos dedicábamos a nuestros asuntos diarios durante la semana. Los domingos, cuando no tomaba el taxi de Jorge, nos gustaba quedarnos más tiempo en la cama, queriéndonos, hablando de nuestro futuro, haciendo planes que me emocionaban. Quería una familia, niños, una casa blanca en el campo y un jardín donde cenar por la noche y celebrar los cumpleaños alrededor de una piscina. Mis sueños eran grandiosos, y Ariane se reía con felicidad.

Continuó su reemplazo por unas semanas más con su amado empleador. A veces íbamos a cenar a Mario's, que siempre nos reservaba su mejor mesa cuando yo no estaba de servicio, y Clara nos cantaba una canción de amor nostálgica. Luego nos íbamos a casa a nuestro acogedor nido.

Se acercaba septiembre y Ariane terminó su período de transición. Le quedaban quince días de libertad total, pero no podía dejar los trabajos que nos permitían vivir. Le ofrecí amablemente ir a pasar al menos una semana con sus padres, y me reuniría con ella el fin de la semana siguiente. No tuvo que esperar mucho tiempo, y a pesar de todo, la decisión de marcharse me hizo sentir un desagradable pellizco en el corazón, nos íbamos a separar, y ocho días fueron una eternidad.

La encontré un poco cansada últimamente, un poco nerviosa, y por la mañana no tenía apetito, quejándose de náuseas. Pensé que había trabajado demasiado y necesitaba unas verdaderas vacaciones, lejos de Nueva Jersey. Habían pasado tantas cosas, había trabajado mucho, el año universitario estaba a punto de empezar de nuevo. Fue a su médico antes de irse y me dijo que vendría a la clínica para un día de revisiones. Me alarmé con la noticia, molestando mi agenda que no me permitía acompañarla, pero ella me tranquilizó:
- En realidad no es nada, querido, una falta de oligoelementos, calcio, magnesio, pero el doctor quiere certezas. Un poco de debilidad, anemia, quizás, y luego me iré a descansar a casa de mi familia, y en una semana me encontrarás en gran forma. La cocina de mi madre me arreglará de nuevo, ¡lo sabes! Así que no te preocupes, no estoy preocupado.

Las cosas resultaron como ella había predicho y pude liberar un par de horas para llevarla a la estación para tomar su tren un viernes por la noche. No me gustó la forma en que me miró. Después de su hospitalización, había tenido un dolor de estómago. Su menstruación era a menudo dolorosa y me sentía tonto, impotente para aliviarla. "El misterio de la mujer".

Regresé solo y con la mente preocupada. Ya la echaba de menos y nuestro apartamento parecía demasiado vacío y demasiado tranquilo. Esperé con impaciencia la noticia de su llegada a salvo y empecé a contar los días entre nosotros.

Salí a comprar fruta en la tienda de la esquina, que cerraba muy tarde. Un crepúsculo dorado comenzó a tornarse rosado y el parque, que había sido sometido al calor de ese hermoso día de otoño, languidecía bajo su follaje, que comenzaba a tornarse amarillo. Cruzo lentamente el espacio tranquilo, abandonado por los niños que juegan allí, disfrutando de los últimos días de vacaciones, y continuando en un alboroto de gorriones revoltosos. Los amantes aún se pasean por allí e intercambian algunos besos que me hacen pensar en Ariane. Sé que está descansando y pasando momentos agradables con sus padres y hermanos, reunidos antes de volver a la casa de la familia; la llamo varias veces al día y por la noche, antes de acostarse, para decirle "te quiero" y dedicarle mis pensamientos más tiernos. Los dos primeros días parecía tensa, ahora la siento mejor. Realmente necesitaba recargar las pilas con su familia, es normal. Cuánto lamento no poder hacer lo mismo. Prometo hacer un esfuerzo para ir a Puerto Príncipe el año que viene. La fecha de mi naturalización se acerca. En dos meses, seré un ciudadano americano y mi sueño seguirá creciendo. Porque tengo otros proyectos que toman formas poco a poco. Conozco a Ariane desde hace varios meses, vivimos juntos desde hace tres meses y sé que es a ella a quien quiero y no a otra. Sería más fácil casarme con ella. Esta idea me asusta un poco, tendré que comprometerme, aunque es mi deseo más querido. ¿Aceptará? Aparentemente, comparte mis sentimientos y la vida juntos no nos pesa, al contrario.

Decido hablar con sus padres, aunque sin prisa, esta boda podría tener lugar en el transcurso del año que viene, en primavera quizás, porque quiero tener suficiente dinero para no obstaculizar a mis futuros suegros mientras ofrezco a mi futura esposa, una inolvidable fiesta de cuento de hadas.

La idea de tener finalmente "mi familia", "mis hijos", me conmueve profundamente. Mi dulce Ariane, ¡me haces feliz!

En un banco, puedo verlo. El viejo con la cabeza inclinada hacia un lado, con el gorro a cuadros que siempre ha llevado, me golpea de repente como un detalle de un cuadro que hemos mirado docenas de veces sin prestarle mucha atención. Suele dar, sin decir una palabra, unas pocas semillas o migajas a las palomas que le rodean, y los gorriones se abalanzan para robar la comida bajo los ojos graves de las palomas, que no se conmueven por ello. Saben que habrá comida para todos. Y que este maná diario se les ofrece todos los días sin excepción.

Poco a poco me mira cuando paso junto a él, y el azul descolorido de sus ciruelas me inquieta un poco, miro hacia otro lado, pero una sonrisa imperceptible, o es una ilusión, un juego de luces y sombras en este crepúsculo, ha pasado sobre su rostro arrugado. Sé que está aquí todos los días, debería saludarlo, pero algo me retiene. Su mirada de agua clara, tengo la impresión de que no me ve o al menos no es mi apariencia física la que está mirando. Siento que ve a través de mí como si fuera de cristal y puede ver todos mis pensamientos.

Cuando vuelvo de la tienda, el viejo dobla cuidadosamente la bolsa de papel kraft de la que estaba sacando las semillas, y de nuevo su mira me persigue. Esta vez está como congelado, impasible. La noche está a punto de caer.

Tengo prisa por llamar a mi prometida y decirle que estaré allá en unos días. ¿Por qué me molesta tanto ese viejo? Parece un fantasma, un ser sin sustancia, sólo que su gorra a cuadros parece real. Ni siquiera sé cómo iba vestido y estoy un poco obsesionado con su aspecto. Me cierro la puerta un poco bruscamente. ¿Qué me está pasando?

-    ¿Hola? Es Benjie, hola. ¿Cómo está usted?

El pastor Thomas está al teléfono.

-    ¡Muy bien, mi muchacho! ¿Cómo está usted? ¿Sigues trabajando tan duro? Oh, claro. Me alegro de tenerte, estoy preparando un discurso sobre la enseñanza de la parábola del "Buen Samaritano". Estaré feliz de tenerte entre mi rebaño y... de ganarte contigo al ajedrez después de la cena", añadió maliciosamente. ¡Llamo a Ariane!

Se hizo un silencio y luego fue la voz de su esposa la que respondió:

-    ¿Hola? Benjie, buenas noches, lo siento pero llamas un poco temprano, Ariane y Patricia salieron a pasear y no volvieron, supongo que cenaron con sus amigos en algún lugar porque me advirtieron que no los esperara... ¿Vendrás el domingo? Bien, haré rosquillas. Se lo diré a mi hija. Se alegrará de que estés aquí, y se sentirá decepcionada por haber faltado tu llamada. Te veré pronto.

Un sentimiento de amargura me invadió cuando mis ojos se posaron mecánicamente en el reloj de la cocina donde noté que la mano marcaba casi las nueve.

Fue la primera vez que Ariane no respondía a mi llamada, encontré el tiempo tarde en relación a sus hábitos, y luego inmediatamente me sentí arrepentido de dejar que ese malvado pensamiento me invadiera. ¿Estaba perdiendo la cabeza? Ariane estaba de vacaciones y era normal que aprovechara un poco y saliera con su hermana.

El domingo, como estaba previsto, llegué en coche y fui recibido por mi ángel, balbuceante y tierno como siempre. Parecía más descansada. Tuvimos un gran día con la familia, pero de repente me negué a revelar mis intenciones, convencido de que sería una falta de tacto de no hablar con Ariane primero. Era lo suficientemente emancipada e independiente como para pedirle que se casara conmigo antes de que hablara con su familia sobre ello. Tendríamos nuestra pequeña fiesta de amantes primero, y me di cuenta de que no había tenido tiempo de comprarle un anillo para la propuesta, que me prometí a mí mismo que remediaría en unos días.

Al caller la noche, un joven llego a la puerta y saludó a toda la familia como un viejo amigo. Me lo presentaron. Martin tomó a Ariane en sus brazos y la hizo girar, ella se rió, doblando la cabeza hacia atrás.

- Es el mecánico de la familia, me han dicho, lo conocemos desde hace tiempo.

Martin era jamaiquino, casi tan alto como yo, bien construido, con un aspecto travieso como un niño pequeño. Tenía la impresión, sin embargo, de que no estaba muy contento de tenerme cerca y, contrariamente a mi carácter abierto y comunicativo, le encontraba desagradable, forzando su risa y demasiado familiarizado con Ariane, a la que no dejaba de tocar mientras hablaba, acariciando su brazo, su pelo, su mano. ¿Fue el hecho de haber estado separado de ella durante diez días lo que me puso hosco, celoso, sí, celoso. Hubiera preferido que tuviera ojos y atención sólo para mí.

"Cállate, oh mi dolor
Y déjame en paz. »

Preferí volver a la carretera esa noche y no pasar la noche en casa de la familia de Ariane, para deshacerme de este intruso lo antes posible. Ariane estaba un poco enfadada, sus padres se sorprendieron con mi decisión, porque sabían que no trabajaría al día siguiente. Fingí tener un poco de trabajo atrasado en la casa. Quería alejar rápidamente a mi ángel del que percibía como un peligro, pero me sentí muy disgustado cuando, dándole dos grandes besos para despedirse, mi prometida le dio nuestro número de teléfono y dirección:

- Ven a vernos a Roselle, serás bienvenido y Benjie está trabajando tan duro… me harás compañía.

No, no creí que fuera bienvenido, pero ¿qué podía hacer? ¿Era amigo de Ariane y su familia?

Mi exasperación estaba en su punto más alto cuando echó una mirada despectiva a mi coche, que sin embargo había sido repintado:

- Deberías cambiar de coche viejo, este es un poco anticuado, no es nuevo. Puedo conseguirte un precio por un pequeño convertible que tiene algo bajo el capó, a diferencia de este.

Su sonrisa parecía la de una hiena y le dije, uno por uno:

- Trabajo para alguien que también puede conseguirme otro coche, pero ya ves, esa no es "nuestra prioridad" en este momento. Presioné el botón "nuestro", tomando a Ariane como testigo, pero ella no se inmutó y saludó a toda la compañía distraídamente y se refugió con su bolsa de viaje en mi anticuado "Lexus".

Mi prometida se durmió durante el viaje y yo respeté su descanso. No pudimos tener una verdadera charla hasta la mañana siguiente, cuando la desperté muy suavemente, bajo las sábanas, demasiado feliz de tenerla toda para mí de nuevo.

- Por favor, déjame, Benjie.

Era la primera vez que me rechazaba, y me quedé atónito.

- Pero, querida... - Te lo digo, ¿no ves que no puedo tener relaciones en este momento? ¡No quiero empezar de inmediato!

No, no lo entendí, así que me admitió que su día en el hospital fue debido a un aborto. No podía creerlo.

- ¿Pero por qué abortar? ¡Es un crimen! ¡Eres cristiano y no me importa tener un hijo contigo, al contrario! Esa es la cosa...
- Ah, es un argumento fácil, no quiero un niño en este momento, estoy empezando a vivir, quiero ser libre, y no estamos casados hasta donde yo sé! ¡Soy una mujer moderna, así que abortaré si quiero!

Me desconcertó su tono áspero, sus ojos deslumbrantes.

- Amor mío, deberías habérmelo dicho, quería decir "¿te casarás conmigo?" Estaba esperando tu regreso para pedírtelo.

Me había arrodillado frente a la cama, tratando de ablandarla y de borrar la sensación de miedo que me había invadido cuando la escuché. Le besé las manos.

- Pero, querida, nunca más, por favor, mataste a nuestro hijo. Tengo que perdonarte; pero realmente deberías habérmelo dicho. Casémonos, será más fácil. No quiero que sea más reproducido; no tenemos el derecho. ¿Y qué dirían tus padres? Tu padre... un pastor...

Se da la vuelta y se entierra bajo las sábanas:

- Sí, déjame en paz por el momento, eres demasiado ingenuo, vives en otro mundo, Sr. Poeta! Mis pies están en el suelo.

Estoy sufriendo; estoy sufriendo, no está pasando nada como lo había imaginado. Esta propuesta de matrimonio forzado, precipitada por las circunstancias, sabe más a bilis que a miel. Lejos del escenario romántico que imaginé, de su emoción cuando hubiera respondido "sí".

Pero es sólo un mal momento, me imagino, ella también sufrió sola. Ciego como estaba, no adiviné nada, no sentí nada, sus náuseas, su cansancio... ¿Quién soy yo para reprocharle en lugar de consolarla y tomar mi parte de la carga? Estoy lleno de remordimientos.

Los días pasaron, nuestra vida siguió adelante. No había vuelto a hablar de matrimonio, bajo el impacto de las noticias que Ariane me había anunciado, y sin embargo encontré circunstancias atenuantes, excusas para ella. Ella se preparaba para su segundo año de estudios, y yo también me preparaba para hacer frente a todas mis obligaciones, el trabajo que nos permitía vivir, los estudios que continuaba en las clases nocturnas. Sabía que el año sería más difícil porque ya no tendría el ingreso extra del taxi, seríamos dos viviendo de mi salario porque Ariane no mencionó la posibilidad de tener un trabajo extra. Pero tenía algunos ahorros que deberían ayudarnos. Estaba feliz de volver a la escuela, me encontré con mis compañeros de clase de nuevo, pero también, decidí ir más lejos en mis estudios, asistí en la medida de lo posible, un curso de literatura avanzada, que me demostró que tenía la capacidad, que el inglés se había convertido en un idioma perfectamente dominado para mí. Mis planes eran cada vez más refinados, y esperaba terminar mi carrera pronto y finalmente inscribirme a tiempo completo al año siguiente en un programa de licenciatura, con la ayuda de una beca.

No me preocupaba el futuro de Ariane, y a ella también le iba bien. Pronto estaríamos fuera de peligro.

La idea de casarme con ella volvió a atormentarme, quería aclarar nuestra situación a nosotros y a todos los demás. No le mencioné el incidente del aborto otra vez, para no arruinarlo.

Intenté llevar la fiesta en paz, ella tenía muchos amigos conocidos en la universidad, y de vez en cuando recibíamos una llamada de Martin, que pasaba por aquí, para comprobar cómo estaba y visitarnos. El problema era que por las tardes, habiendo asumido mi trabajo en Mario's, no estaba allí cuando él vino. No era el hecho de no conocerlo lo que más me molestaba, por supuesto, sino el hecho de que él y mi prometida estuvieran pasando la noche juntos, y sobre todo pasándolo bien, porque en esos días la encontré corriendo y riendo, feliz, más de lo habitual.

# LA PARTIDA DE UN JUSTO

Como resultado de estos desafortunados incidentes, momentos de silencio y desaprobación se instalaron en nuestras vidas. Ya no me refería a los embarazos interrumpidos, a las salidas nocturnas de mi esposa, y nunca más usé el término "mi ángel" en relación con Ariane, seguido de las palabras del anciano desconocido "Lucibel, Lucifer".

La presión de los últimos exámenes estaba aumentando. Ariane terminó sus estudios muy honorablemente. Yo también, pero todavía aspiraba a estudios a tiempo completo y solicité una beca para ayudarnos a sobrevivir.

Llevábamos casados más de un año, estábamos casi atrapados en la rutina mensual de comidas de mis suegros, pequeños problemas cotidianos. La luna de miel había sido corta.

La noticia de la muerte de mi padre se volvió alarmante, y preparé mi corazón para el dolor que pronto me golpeó.

Fui solo a la cabecera del moribundo, a tiempo para tomar su mano antes de que expirara, y para ayudar a mi angustiada madre y a mis hermanos con las formalidades del funeral.

Volví a ver su alta estatura, al volver del trabajo, la silla de mimbre en la que se sentaba para los velorios en su terraza. Pensé en las fabulosas historias de sus viajes que habían llenado nuestra infancia de mundos misteriosos por descubrir. Vagué por las calles de nuestra ciudad donde, acompañado de mi madre y sus nietos, la gente lo había respetado y saludado tantas veces.

En la multitud que abarrotaba la pieza para rezar por su alma, pude ver a una anciana vestida de blanco y apoyada en un bastón cuyo pomo medía. Le pregunté a una de nuestras viejas primas si la conocía, y ella simplemente respondió:

- Es Doña Calixte, Benjie, ella te vigila a ti y a los tuyos... es poderosa y los espíritus la obedecen.

En mi dolor no me tarde sobre las palabras de esa pobre Petronilla que ya no tenía edad para nosotros, a la que solíamos visitar desde lejos en el campo cuando éramos niños, y que sin duda ya no disfrutaba de todas sus facultades desde que su marido había muerto de una grave enfermedad.

Caí en los brazos de la vieja Domiciana que aún estaba viva, partida en dos por su reumatismo; y me sorprendió ver a nuestra encantadora Heloise que, sosteniendo a un niño pequeño de la mano, tenía un vientre redondo que hacía presagiar que el segundo llegaría pronto. Entre los hombres reunidos frente a la puerta de la iglesia estaban mi antiguo compañero de clase Benny y una joven, con los ojos abatidos. Era Noëliane, también estaba embarazada de unos meses y la mirada de su coneja seguía teniendo la misma dulzura. Todos, parientes, amigos y vecinos, habían venido a mostrar su simpatía por el respetado y orgulloso hombre que se había ido a otras orillas, y a apoyar a mi pobre madre, quebrantada por el dolor. Mi esposa no había deseado viajar. No tuve el coraje de quedarme con ellos y escapé de las manifestaciones. Mi vida tenía que continuar en otra parte. ¿Todavía tengo un lugar en este mundo? Ya era un extraño, al menos por mi nueva ciudadanía americana.

Mi mente estaba torturada, no podía expresar mi dolor, y pronto estaba en el avión de vuelta a Newark, apenas capaz de arrancarme de los brazos de mi llorosa madre.

Llegué a casa, ansioso de descanso y ternura. Ariane no estaba en el aeropuerto y tuve que tomar un taxi. Pensé que estaba preparando una comida para darme la bienvenida, después de todas estas emociones, y que me rodearía con sus brazos amorosos. Quizás entonces podría llorar todas mis lágrimas de borracho.

La casa estaba tranquila y silenciosa; en el pequeño aparador de la entrada había una nota garabateada en su mano: "Disculpa, cariño, estoy invitado a casa de Joan, y no me ha dejado en paz. Hay pollo y ensalada en la nevera. Te veré más tarde, Ariane, te beso.

Hasta luego, no sé cuánto tiempo esperé a que volviera porque me desplomé en el sofá y me dormí después de tomar un somnífero para despejar mi mente. Mañana será otro día. ¿Mariposa frívola, niña superficial, Lucibel o Lucifer? Ella atormentó mi sueño pesado.

El coro estaba cantando un gospel que me destrozó el corazón, y no quería cantar con los demás. Me sentía solo, con un dolor silencioso.

"El eterno te guardará de todo mal...
Él te mantendrá en la vida eterna..."
"Nuestro hermano Zacarías se ha unido a la morada de los justos... Recemos a mis hermanos por su alma y nuestros pecados".

Los padres de Ariane me mostraron mucha compasión y Tomás reunió a los fieles de su parroquia el domingo siguiente para hablar de la resurrección y comentar el milagro de Lázaro. Sus palabras tranquilizadoras calmaron mi corazón. En la iglesia, Ariadna lloró como debía cuando se levantaron a cantar y dar las gracias al Señor, encomendando el alma de mi difunto padre. Escuché su nombre "Zacarías" repetido varias veces, para mí era como siempre "Papá", pero nada más; había escuchado este nombre demasiado en los últimos días, quería enterrarlo en lo profundo de mi ser.

Mirando a Ariane, me preguntaba si sus lágrimas eran sinceras. Sólo había visto a mi padre una vez. Pero me pareció tener una respuesta a esta pregunta cuando Martin se adelantó para ofrecer sus condolencias y cuando mi esposa se refugió en su hombro para desahogar su dolor.

Nada se adquiere del hombre
Ni su fuerza ni su debilidad
Y cuando cree que está abriendo los brazos
Su sombra es la de una cruz.

**(Louis Aragon)**

¿Cuántas cruces tuviste que cargar, papá, y cuántas me dejaste ya en herencia? No podía despedirme de ti, porque tu alta figura, tu pipa de fumar, tus sabios consejos, tu forma de decir las cosas de la vida, estaban en mí para siempre.

# THE HARDER THEY FALL
## (MÁS FUERTE SERA LA CAÍDA)

"La vida excava ante nosotros un abismo de todas las caricias
que han desaparecido"

**(Félicien Artaud)**

Estaba meditando sobre este texto de Félicien Artaud, acercando mi vida a este abismo de vacío; habían pasado semanas desde que había encontrado a mi esposa, saliendo desnuda de nuestro baño, delante de uno de sus amigos, y sin embargo, había eludido el problema. Había llegado tarde a casa esa noche y se fue a la cama como si nada hubiera pasado, y desde entonces me consumí en la duda, pero al mismo tiempo en la paradójica esperanza de recomponer los pedazos del universo que había empezado a construir. Mi vida de pareja, un hecho triste.

Las advertencias de "gente bien intencionada" no lograron convencerme de mi ceguera y me irritaron, al contrario. Casi me enoje con Justin cuando un día me confió que había visto a Ariane de camino a Park Avenue:
- La vi, Benjie, estaba en un coche con un tipo, tenía su brazo alrededor de sus hombros mientras él conducía, puso su cabeza contra él, en un semáforo en rojo, no se fijaron en mí. Primo, ten cuidado, eres demasiado ingenuo y sensible, estás viviendo en tus sueños, sabes.

No quería creer lo que no había visto. Aun así, habría necesitado más pruebas condenatorias. No creí que esas acciones tuvieran consecuencias reales.

Amistad, ternura, simpatía... podrían tener muchas otras explicaciones que la que querían hacerme creer. No quería ceder al peligro de la denuncia. Intentaba ser más atento y considerado. No me atreví a preguntarle más: "¿Me amas? "y respeté su deseo de no tener sexo en este momento. Pero me despertaba cada mañana y decía: "Buenos días, te amo", con un beso en la nuca para despertarla y darle una taza de café.

El golpe llegó el día que le dije que le había informado a mi jefe que dejaría el trabajo al final del verano. Estaba feliz porque había conseguido la beca universitaria que había solicitado. Fue una pequeña pérdida, lo pasaríamos mal, pero Ariane iba a buscar un trabajo.

Con la ventana abierta en la dulzura de aquella noche de junio, había preparado una buena comida, me había puesto una nueva camisa azul (a ella le gustaba el azul), esperando su regreso. Había puesto el correo de la universidad en un lugar destacado de la mesa, para que ella lo leerá y se alegrara conmigo. Había tomado para ella un pequeño ramo de lilas blancas que perfumaba el salón.

A las ocho llegó, elegantemente con su blusa estampada, con ese andar danzante que me había seducido casi cuatro años antes. Le había preparado un aperitivo. Dejó sus llaves, su bolso, y me dio un pequeño beso para saludarme, y luego fue al baño. ¿Había notado el juego de mesa, el aroma de mi pollo con cúrcuma flotando en la cocina, las flores en el gran jarrón? Descorché una botella de vino tinto y esperé a que viniera a cenar.

¿Esto es cúrcuma? No tengo mucha hambre. Dame un trago, por favor. Respondí a su petición y le dije de tomar asiento.

-   ¿Qué es este papel? Vamos a cenar, guárdalo.

Había mostrado su barbilla al correo de la universidad.
Aproveché la oportunidad:

-   Mira, cariño, soy el ganador de la beca que solicité. Voy a empezar una verdadera carrera académica... Le he dicho a Antonin que puede empezar a buscar otro colaborador al final del verano.

No tuve tiempo de terminar mi frase.

- Ah, bueno, ¿cómo piensas vivir? Es ridículo, no podrás prescindir de tu trabajo.
- Ariane, dije pacientemente, hemos hablado mucho de ello, ¿recuerdas?, espero que lo recuerdes. Tengo que hacer sacrificios para terminar lo que empecé. Trabajar en casa de Antonin no es el propósito de mi existencia, no seguiré siendo un trabajador.
- Y yo, entonces, ¿qué hago? Quería inscribirme en un postgrado, con lo que tengo como referencias, nunca voy a conseguir un puesto de dirección, debo tener al menos un máster en comunicación y dirección, tú también lo sabías.
- Cariño, puedes recoger más tarde, o a tiempo parcial...
- No, sólo piensas en ti mismo. ¡Estoy harta de los sacrificios!

No quería irritarla, pero pensé que su reacción era injusta y contrario a lo que siempre habíamos acordado.

- Ariane, tómalo con calma, enfrentemos la realidad.
- Detente, no quiero ir a trabajar para ti, te lo advierto. Después de todo, tienes que apoyarme, estoy casado contigo, te lo recuerdo, y tendrás que pasar por esto te guste o no.

Había empezado a levantar la voz, se ruborizaba de rabia, apretaba los puños y de repente la encontré fea como una arpía.

Tenía el pelo despeinado, se puso de pie delante de mí, casi amenazadora. Estaba devastado, sin palabras.

- Eres un perdedor de todos modos, ¿vas a estudiar? Sí, lo estoy. La literatura, es una profesión apasionante y muy útil. ¡Serías un doctor o un dentista o un hombre de negocios, lo entendería! ¡Pero el señor quiere estudiar poesía! ¿Eso es lo que te hará vivir? ¡Déjame reír! ¡Ah, ah, ah!

Su mezquindad y desprecio en esas palabras me hirieron profundamente. Mi dulce Ariane, no podía creer que tuviera delante de mí el conmovedor ángel cuya modestia y sonrisas me habían mantenido en la esclavitud.

-   En cualquier caso, piénsalo, no aceptaré esto y no viviré como una perfecta ama de casa. Así que voy a salir, necesito descomprimirme... y será mejor que lo pienses antes de mañana.

Con esas últimas palabras caminó hacia su bolso, sacó su celular y llamó a su amigo Martin que aparentemente estaba de paso por Nueva York.

Casi se hizo pasar por la tragedia de la mujer despreciada:

-   Hola, Martin, por favor, ven a buscarme... sí, te lo explicaré... No, está aquí pero no por mucho tiempo, créeme, las cosas cambiarán! Gracias, querido, te estoy esperando.

Un poco de coraje vino a mí:

-   Ariane, si te vas, no volverás aquí nunca más, ¡se acabó!

Lo dije con la esperanza de que cambiara de opinión, que la pesadilla se detuviera de repente. Ella respondió con una mueca de desprecio:

-   Eso es, sí, yo también estoy en mi casa y hago lo que quiero, si no estás contento, haces la maleta.

Caminó hacia el dormitorio, se estaba preparando para salir y la escuché manejando un vanity-case donde tiró algunos artículos de tocador, su maquillaje.

Veinte minutos después, Martin tocó la bocina abajo. Enrollada, vestida con un traje rojo que no conocía, salió sin prisa y se perfumó provocativamente mientras pasaba junto a mí con la pequeña botella de spray de cristal que le había regalado por su cumpleaños, y luego dio un portazo antes de bajar las escaleras. Su perfume me atrapó por la garganta.

Me sentí paralizado, pero me giré hacia la ventana para mirar a la calle. Martin estaba esperando, fumando un cigarrillo, apoyado en la puerta de un nuevo convertible blanco y negro. Vi a mi esposa arrojarse a su cuello y ser abrazada en los brazos de su salvador y Don Juan.

Un rayo me había golpeado la cabeza.

# EL NAUFRAGIO

UNA CANCIÓN DESESPERADA

Tu memoria viene de la noche donde estoy.
El río al mar ata su obstinada queja.
Abandonado como los muelles por la mañana
**Es hora de irnos, tú el abandonado.**

Ansiedad del piloto y furia del buzo ciego
Desorden de la borrachera del amor, todo en ti naufragó.
Mi alma, alada y lastimada en la infancia de la niebla
Explorador perdido, **todo en ti naufragó.**

**(Pablo Neruda)**

¿Sera que podamos encontrar los términos exactos que describen el naufragio, el descenso a los infiernos, la inmersión en la noche?

Sufro la angustia del fracaso. Ya no sé a quién acudir. De repente me enfrento al silencio. Mi dolor permanece en silencio, deambulo por el apartamento desierto como una mujer en pena. Aparece sólo para cambiarse, para prepararse, para hacer llamadas durante horas desde el dormitorio con la puerta cerrada, oigo bocinas de coches llamándola desde la calle y ya no tengo fuerzas para mirar por la ventana para ver cuál de sus admiradores o amigos viene a recogerla.

Todo lo que hacemos ahora es chocarnos entre nosotros. Ariane me ignora, ~~me juega~~ malas pasadas para hacerme la vida imposible. Hoy ha sacado mi ropa sucia de la lavadora, para dejar sólo la suya; la comida que tenemos que consumir se guarda en armarios separados en los estantes del refrigerador, yo duermo en el sofá, acurrucado sobre mí mismo como un feto privado del refugio del seno materno. La habitación es su dominio y a veces la cierra con llave antes de salir. Mis artículos de aseo se tiran a menudo al suelo y ella se guarda el armario del baño para sí misma. Hace dos días encontré mi correo en el cubo de basura de la entrada de nuestro edificio. Mil y un detalles de la vida cotidiana hacen que mi convivencia sea insoportable. Llego a casa por la noche y me encuentro con cuatro o cinco personas en el salón, bebiendo, fumando, escuchando música atronadora. Entonces toda esta gente vuela a los placeres de la noche, no sé dónde. No tengo un lugar para descansar, para sentarme, para recostarme y tengo que esperar a que se vayan a horas indebidas. Estoy agotado. No puedo dormir y como muy poco. A veces sé que hablan de mí en voz baja y se ríen, y no hago nada porque estoy casi muerto.

Aquí estoy como un extraño en mi propia casa. Sin embargo, tengo que pagar las facturas que siguen llegando a mi nombre y veo en mis extractos bancarios que mi esposa no duda en hacer retiros de mi cuenta ya que todavía tiene poder notarial y utiliza la tarjeta de crédito. No puedo hacer nada al respecto y no puedo arreglarlo, tal vez en el fondo todavía tengo la esperanza de que vuelva a mí. Dios, estoy loco, estoy loco de amor, estoy loco de dolor que me está socavando.

Llamé a Thomas, mi suegro, para hablar con él como pastor, para confiar en él y contarle la situación. ¿Qué podría decir? No supo cómo consolarme y se encontró perturbado.

- Sí, la ciudad ha podrido a mi niña. Ha cambiado demasiado, no la reconozco. Encomiéndate al Señor, hijo mío, rezaré por ti. Toda la familia está muy decepcionada.

Le pregunté si Ariane venía a menudo a su casa ya que vivíamos separados, sólo bajo el mismo techo.

- Sí, viene a menudo a pasar el fin de semana.
- ¿Está sola?
- Sí, eso creo, sí, bueno, ella está a menudo con Martin, pero creo que sólo son buenos amigos, no lo sé.

Thomas parecía vacilar, avergonzado. No quería incomodarlo y le dije que era mejor que Ariane y yo nos divorciáramos.

Pensé que era el primero en tener esta idea, pero para mi gran sorpresa me dijo que ya había visto a un abogado.

Unos días después habló conmigo y me entregó algunos documentos.

- Tienes que firmar esto, pediré el divorcio y buscaré otro lugar para vivir.
- ¿Pero por qué? ¿Por qué se llegó a esto, Ariane, por favor...

Empecé a llorar como un niño. Finalmente dejé ir todo lo que había sostenido durante meses, de dolor, frustración y emociones extremas. Nada parecía tocarla.

El abogado estaba pidiendo la pensión alimenticia y el alquiler en su nombre; yo estaba en la nómina y ella aún no. Me enteré de que había tomado un trabajo interino para las vacaciones pero no tenía otro medio de apoyo.

Estaba registrada como estudiante. ¿Y qué hay de mí? ¿Qué era yo?

Al darme cuenta de que nada podía salvar este matrimonio que no había sido más que un espejo de alondra, que mi ángel ya no me amaba, que cada día estaba peor, me entregué a su voluntad y decidí tomar sólo lo mínimo, abandoné nuestro nido de amor, con la esperanza de que mi primo Justin pudiera alojarme unos días más, pero sin querer quedarme demasiado tiempo en su casa. Necesitaba vivir solo mi soledad y el desgarramiento del amor que tanto esperaba.

«Todo en ti es naufragado», naufragado, naufragado.

«Ya no la amo, es verdad, pero tal vez sí la amo.
«El amor es tan breve y el olvido es tan largo.»

**(Pablo Neruda)**

# EL MÍGALO

**El Desdichado** (Gérard de Nerval)

Soy el oscuro, el viudo, el inconsolable,
El Príncipe de Aquitania en la torre abolida.
Mi única estrella está muerta, y mi laúd constelado..,
Lleva el sol negro de Melancolía. (…)

Es al ritmo de estos tristes versos que entré por la puerta del aula esa mañana, donde comencé a acercarme a los rudimentos de la literatura, además de la civilización americana, pero como oyente libre, para prepararme mejor para mis futuros estudios. Me encontré con mi colega Mat. Con ojos radiantes y tez descansada, Mat olfateó con deleite la taza de café que tenía en la mano. Me extendió la mano para darme un vigoroso apretón de manos. Siempre había envidiado su resplandor, su suavidad, como si todo pudiera deslizarse sobre él sin tocarlo, pero también me preguntaba qué tipo de problemas podrían haberle molestado; todo en la vida le sonreía, ¿qué dioses se habían inclinado sobre su cuna cuando parecían haberme condenado a la desesperación? Estudiaba por ociosidad, para pasar el tiempo o para adquirir un título que tranquilizara a su familia.

Mat siempre fue entusiasta y optimista, seguro de sí mismo, brillante. Era el que llamaba la atención y al que todo el mundo escuchaba, el que hacía los chistes verdes, el que tenía todos los éxitos femeninos, el que siempre tenía el amigo adecuado en el lugar correcto cuando lo necesitabas. Nunca había oído que tuviera problemas para pagar el alquiler a fin de mes o para salir a lugares de moda. De hecho, vivía en un magnífico loft que no tenía medidas con la cocina de dos habitaciones, tocador, balcón y sólo. Desde que me casé con Ariane, ocupé nuestro nido de amor esperando algo mejor, porque siempre quise llegar a la cima de la escalera. Cuando los relató, sus recuerdos describieron diferentes países y continentes.

No sabíamos qué hacían sus padres ni exactamente de dónde venía, todo el mundo imaginaba que tenía una gran fortuna y que su padre debía ser algún líder de negocios internacionales o embajador de los Estados Unidos en algún lugar de países exóticos. Nunca hablaba de su familia, y respetamos su silencio al respecto.

Yo, el pobre estudiante emigrante que lucha por llegar a fin de mes, me sentí honrado por su amistad, y me alegré de que nuestras mujeres simpatizaran hasta ser casi inseparables. De hecho, Mat vivía en pareja sin estar casado. Según Ariane, ella y Joan eran verdaderas amigas.

Mi mirada cerrada debe haberle intrigado de todos modos, porque en lugar de ir a su curso, Mat me miró:

- Bueno, amigo, ¿qué está pasando? ¿Es tu desayuno lo que no pasa? ¡Estás poniendo una cara graciosa! Ah, sí, lo siento, perdiste a tu padre, te ofrezco mis sinceras condolencias pero fue tan repentino para nosotros, que no nos dijiste que estaba tan enfermo...
- No, está bien... tengo que llorar por él, sufrió mucho, tal vez sea mejor así. Su muerte nos apena, pero es una liberación para él y para mi pobre madre.

Mi voz temblaba un poco, pero no quise insistir más en ello.

- Dime, Mat, ¿te fuiste el fin de semana?
- Sí, lo decidí porque Joan necesitaba un cambio de escenario y ya sabes, después de mi broma con Nelly, (Mat apoyó estas palabras con un guiño consciente), sólo podía compensarlo con dignidad. Tres días en la montaña, una posada encantadora, un paseo por el lago, yo asegure, ¡no te preocupes!

Mat comenzó a reír y como si fuera en confianza se deslizó:

- Finalmente es genial en la cama - cuando quiere -, sé que me equivoco al probar suerte en otro lugar, nos llevamos bien. Soy un bastardo, mi amigo un verdadero bastardo, no la merezco.

Se ríe más fuerte. No podía compartir su buen humor y su hilaridad. Sombras negras habían invadido mi mente.

Mi desconcierto debe haber estado escrito en mi cara, porque se veía muy serio.

- Poeta, amigo mío, algo está pasando, tienes otros problemas, ¿es Ariane otra vez?

(Un día le conté a mi colega sobre mi decepción por el comportamiento tan poco entusiasta de mi esposa).

- Cuéntamelo todo. Parece que te has cruzado con un fantasma.

Fantasma, sí, no cree que pueda decirlo tan bien; en efecto, me persigue un fantasma, el que empeña mis sueños, el que me traiciona, practica la mentira y el adulterio, estoy convencido de ello ahora, el que desde la cima de la felicidad ha abolido la confianza, causa desilusión, dolor. "El viudo, el inconsolable"...

Mi corazón se está tensando, pero estoy conteniendo mis lágrimas.

"Soñé en la cueva donde nada la Sirena"... Soñé, soñé....Mi Sirena, mi Sirena... Mi mente se queda en blanco.
"La flor que tanto complació a mi triste corazón". Sus pétalos están teñidos del rojo de la vergüenza y la traición.

Finalmente encontré el coraje para abrirme:

- Ha estado fuera toda la noche... Pensé que estaba estudiando con Joan, o sólo visitando tu casa. Me dejó una nota diciendo que estaba con tu amiga, que se había sentido sola. Cuando volví del aeropuerto, ella no estaba allí, y creo que no volvió hasta tarde al día siguiente. Había tomado un somnífero, no lo recuerdo.

Llamé, creo, una extraña contestó su celular... ¿o marqué el número equivocado? No me acuerdo. Está todo nublado en mi cabeza, nunca tomo pastillas. Y luego me dijo que estaba en casa de un amigo. No sé quién era el tipo, y se quedó allí porque tenían una fiesta y había tomado unos tragos... Ya sabes, nunca había bebido antes. Y yo estaba de luto, mientras que ella estaba de fiesta... Ya no lo entiendo.

Es la segunda vez que me dice que pasó la noche en tu casa mientras estabas fuera. La primera vez que tuve una duda, esta vez la confirmas tú mismo.

Mat parecía horrorizado. Se apoyó en un escritorio, balanceó su pierna, absorbió algo de su café que había dejado enfriar.

- Espera... es cierto que no tuvimos que irnos, ya que Joan se está preparando para su examen. Se lo ofrecí bastante tarde, de todas formas no dudó, así que no tenía nada planeado para este fin de semana. Además Ariane sospechaba que tarde o temprano íbamos a planear una escapada, esta semana, para no estar en casa.

Esto está ocultando algo.

- Sí, lo hace.

Mat me miró a los ojos

- Benjie, seas atento. No me gustan mucho algunos de sus amigos...

No añadió nada.

Pensé rápidamente, de hecho, llegué a la conclusión obvia de que ella había querido que descubriera esta relación con otro. ¿Desafío, Provocación? Quería que no me hiciera más ilusiones sobre nuestra relación, sobre nuestro amor. Me quedé allí, vaciado desde el interior por un momento antes de decirle lo obvio a mi amigo.

- Ella me traicionó deliberadamente y quiere hacerme sufrir.

Sentí el malestar palpable de Mat y curiosamente me pregunté si era capaz de tener compasión o si su superficialidad no era sólo una apariencia.

- Dime, ¿sabías algo? Joan y Ariane son amigas, así que... ¿lo sabías?
- No, no, ¿de qué estás hablando? No confían en mí de esa manera...

Mat no parecía cómodo.

- Escucha, o te estás imaginando cosas o ella te está tomando el pelo, ¡¡aún sois recién casados!! Tranquilízate, es sólo un mal momento después de una pelea de enamorados.

"El Príncipe de Aquitania (la torre abolida)".
Veo su cara enterrada en la camisa de Martin, para derramar lágrimas de ocultación y falsedad.
Me hubiera gustado creer en sus alegaciones, pero sabía que todo era una realidad triste y asesina. La torre de mi felicidad se había derrumbado. Lo había construido piedra por piedra con pasión.

Mat subió la presión sin darse cuenta:

- Cuando se ven juntos, parecen tan enamorados como el primer día, se abrazan, la besas...
- Eso es, la estoy besando a ella, no ella a mi.

Mat puso una mirada triste y preocupada en su cara.

- Disculpa, Benjie, no puedo creerlo... aunque... - añadió después de un breve momento de reflexión.... Las relaciones son tan complejas, ¿quién sabe exactamente lo que pasa al lado? No sé qué decirte, es una aventura, por el amor de Dios, te casaste con ella, no es una pequeña aventura. O no creeré en nada más, yo mismo.

¿Quieres que se lo cuente a Joan?

- ¡No! ¡No! ¡No! Déjeme manejarlo yo mismo. Gracias.

Tuve la aterradora sensación de estar atrapado, paralizado en la red de una tarántula al acecho. Las redes de Ariane, cerradas sobre mí, me condenaron a una muerte lenta, bajo el efecto de un veneno que había identificado como el de la pasión, gota a gota de mi propio corazón, envenenándose.

Cuando paso por delante de él, el viejo levanta la cabeza de repente. Su mirada celeste parece intrigada al ver a este gran joven, tan dinámico como de costumbre, que descubre abrumado, cabeza abajo, su espalda redondeada como si llevara sobre sus hombros, aunque sólida, toneladas de miseria humana... Este joven camina con paso vacilante y de repente, como sacado de su melancolía por la mirada familiar del viejo, sonríe débilmente como para disculparse por mostrar su debilidad de esta manera.

"Mi única estrella está muerta, y mi laúd está tachonado.
Lleva el sol negro de la melancolía".

Simplemente asiente con la cabeza y agarra un puñado de semillas para sus pájaros. De repente me doy cuenta de algo especial. Las palomas suelen arrullar, los gorriones chirrían, sus ruidos de alas crean una agitación permanente; ese día, tengo la impresión de moverme en una película muda, los actores y los pájaros se mueven en silencio, como si fueran puros espíritus irreales... ¿Por qué tengo miedo?

# LAS DUDAS

A partir de ese día, adopte la estúpida estrategia de espiarla, fingiendo ir al trabajo y volviendo a casa inesperadamente, para sorprenderla pero que fue una verdadera tortura. Siempre tenía esa mirada amotinada e inocente en su cara, estaba tarareando en el baño. Pero ya no lográbamos tener un diálogo real, reír como antes.

En varias ocasiones, volví demasiado rápido o demasiado tarde, sin duda. A menudo encontraba en la casa jóvenes a los que me presentaba como compañeros de clase que habían venido a estudiar con ella, sin ninguna vergüenza aparente. Sin embargo, uno de ellos estuvo aquí más regularmente, me lo presentó bajo el nombre de Claude Carillon, era haitiano como nosotros, un chico guapo, esbelto, de aspecto cordial, pero me resultaba difícil hablar con él. No tenía nada que decirle.

Una de esas mañanas cuando llegué a casa una hora después de irme, abrí la puerta tan silenciosamente como pude y me colé en el apartamento. El sol de la mañana se suavizaba con las cortinas del salón, la música lenta sonaba en el reproductor de CD, olía a humo, a tabaco rubio, no fumaba.

Claude estaba acostado en el sofá, con un vaso en la mano, estaba fumando, despreocupadamente, su cabeza giró hacia la puerta del baño medio abierta. Su camisa está abierta sobre su brillante pecho, se ha deshecho de la corbata, se ha quitado los mocasines.

Me ve y se pone de pie como si lo hubieran atrapado. No tengo tiempo de llamarlo, veo a Ariane saliendo del baño, desnuda, todavía mojada de la ducha, sonríe a los ángeles y de repente me ve... Formamos un extraño trío en los tres lados de la habitación, yo delante de la entrada, mis brazos colgando, él, estirado como para saltar por la ventana, cerca de la puerta de la habitación, mirando con un poco de pánico, ella, inmóvil, en su desnudez ofensiva para mí.

- ¿Qué demonios estás haciendo aquí? ¿No estás trabajando?

Pronto recupera el control de su sorpresa, y su voz se eleva con reproche.

Ella es la que casi me ataca, yo soy el que está avergonzado, tengo ganas de correr hacia ella, tirando mi chaqueta sobre sus hombros para cubrirla.

- ¿Y no vas a clase?

Mi respuesta me parece absurda. Me gustaría estar a cien metros bajo tierra.

Ella se recompone y en un tono de voz distante, responde:

- Tengo que irme. Claude me recogió. No tenía ganas de tomar el autobús.

Y silenciosamente, empujando su cabello hacia atrás, un gesto que descaradamente hace que su pecho salga a borbotones y saca su cintura tan delgada, que se mueve hacia la habitación, enrollando sus caderas. Estoy loco de rabia y paralizado al mismo tiempo por su plomería.

- ¿Crees que soy ingenuo?

Contengo mi ira y veo una sonrisa maliciosa en la cara de Claude, quien, deslizándose detrás de mí, camina hacia la puerta y anuncia, mientras ajusta su inodoro:

- Bueno, te dejo con ello. ¡Ariane, te estoy esperando abajo!

Sus nervios me desconciertan y cinco minutos después, mi esposa sale corriendo de la habitación. Se puso, sobre la marcha, un vestido floreado que me encanta verla usar porque le queda muy bien, sandalias [tacones] y se puso algo de rojo en los labios. Tiene documentos y su bolso en la mano. Quiero agarrarla por la muñeca en el camino, se agacha y me dice muy naturalmente:

- ¡No me toques! .... Llegaré tarde a casa, no me esperes para cenar.
- ¡Pero deberíamos hablar! Estás aquí desnuda...

Las palabras ya no cruzan mis labios.

- No hay tiempo, lo siento.

Me quede solo, inmóvil, con el corazón latiendo, como si fuera a tener un ataque. Siento que estoy viviendo una pesadilla. No entiendo nada de la escena que acaba de ocurrir, aquí bajo mi techo. Mi esposa caminando desnuda, saliendo de la ducha, frente a otro hombre. Ella, casi a menudo, me interpretaba la comedia de la modestia. Pienso dolorosamente en esos momentos íntimos en los que tuve que apagar la luz, para tocarla en la oscuridad. Las delicadezas que me impuso cuando tuve que darme la vuelta para no verla salir del baño.

También recuerdo las veces que lloró cuando hicimos el amor como si la estuviera violando. Se alejaba de ciertas caricias con el pretexto de que era religiosa y no quería ser tratada como una chica fácil o una mala mujer. ¿Cuántas veces he escuchado este discurso? Al mismo tiempo, tuvo dos abortos seguidos. La realidad es difícil de precisar. Lucibel... ¡Lucifer! Ella, mi esposa, en la apariencia de Janus, la duplicidad encarnada. Es inconcebible. Voy a despertar de esta pesadilla. Y el rastro de su perfume me llena el corazón de desesperación.

Siempre me convencí de que pasaría con el tiempo, porque la había descubierto tan joven e inexperta, en los locales de su joven existencia. Quería respetarla, domesticarla. Por supuesto, llevábamos casados menos de dos años, y la conocía, en el sentido bíblico de la palabra, desde casi dos años antes de nuestro matrimonio.

Recordé a nuestra primera vez y me di cuenta de que no era virgen en absoluto como había afirmado, a pesar de su ocultamiento. Pero mi amor ilimitado me había vuelto ciego, incapaz de juzgar, y de repente, al recordar ciertos detalles, comprendí que me había engañado en ese momento.

Recordé que habíamos tomado la decisión de casarnos porque ella dijo que estaba embarazada y que yo quería asumir mis responsabilidades, demasiado feliz para tener un hijo algún día.

Finalmente, dos veces en los últimos dos años, me había contado la misma historia, hablándome de embarazos reales o supuestos, diciendo que no quería un hijo hasta que hubiera terminado sus estudios y que nuestra situación material no sería como ella lo había planeado. El éxito material era más importante que cualquier otra cosa.

Me dijo cada vez que consultó por un aborto sin mi conocimiento. Unos meses antes, incluso tuve una discusión con ella porque le pedí que me explicara cómo ella, siendo una creyente religiosa, podía cometer lo que yo llamaba el asesinato de sus propios hijos. Las discusiones fueron mal, no me hablaba durante días y salía frecuentemente con sus amigos de la universidad, volviendo a casa al amanecer, borracha, mal. Ya no la reconocía.

Luego le daba un regalo, la llevaba a cenar, y durante unas semanas las cosas volvían a ser como antes.
No era realmente feliz, pero ella estaba allí, y para mí, eso era lo único que importaba. Tenía un montón de amigos de los que yo estaba excluido.

Trabajaba cada vez más para ahorrar dinero para poder finalmente inscribirme en la universidad al año siguiente, porque ella habría terminado sus estudios en junio y se había acordado que también trabajaría para que yo pudiera alcanzar mis ambiciones.
Le pagaba regularmente el alquiler, la casa y la escuela, proveía para nuestras necesidades y ponía la misma cantidad en una cuenta de ahorros cada mes para acumular mis ahorros. Varias veces me pidió que liberara dinero para nimiedades o para ir de vacaciones a otro estado, en el extranjero,

o que cambiara mi viejo coche por uno brillante, como el de sus amigos, trabajados hasta el fondo en esto por su querido amigo Martin.

Le respondí pacientemente que no podíamos permitírnoslo por el momento, ya que nuestro proyecto de vida estaba en otra parte por lo menos durante otros cuatro años.

Estas explicaciones fueron también la causa de escenas violentas por su parte, y ella se enfurruñaba noches enteras o me castigaba saliendo una y otra vez con su pandilla de gente inseparable y rechazándome durante semanas.

El hombre guapo, Claude, venía a buscarla en su convertible, tocaba la bocina abajo y ella bajaba corriendo las escaleras, ligera como una mariposa revoloteando, sin siquiera saludarme. Recordé una o dos peleas en las que ella había gritado que no debía contar con que interrumpiera sus estudios de todos modos, y que no iría a trabajar para mantenerme. A pesar de la crueldad de sus palabras, siempre había culpado a la ira, sin creerlo realmente. La había hecho consciente de mis planes desde el principio y ella había aceptado, al menos en la superficie, el desafío.

Esta era mi vida diaria y muchas veces, al borde de la aniquilación, me prometí a mí mismo que arreglaría las cosas con ella. Pero cuando regresaba, sonriendome y con su mirada algo borracha de remordimiento, estaba tan feliz de tenerla de vuelta que me sentía derretido y perdonando, y me dije:

- "Es normal, es joven, debe divertirse con amigos de su edad. El próximo otoño, ella estará a cargo de la casa y tendrá que trabajar. Estará restringida y no podrá salir como lo hace ahora. Déjala vivir sin preocupaciones.

Y cerré los ojos ante todas sus fechorías, sus amistades que consideraba frívolas, su forma cada vez más provocativa de vestir y maquillarse, sus palabras violentas e insultantes, sus caprichos, su ira. Tenía tanto miedo de perderla y la amaba apasionadamente. Tuve que responder a sus avances en la intimidad pero también a sus rechazos, era la única dueña de nuestros placeres íntimos. Siempre me incliné ante sus caprichos.

Cuando salíamos juntos, ella interpretaba la comedia del amante y la esposa perfecta. Mis colegas me envidiaban esta "maravillosa" mujer, tan distinguida, tan dulce. Solía tomar la cara de una joven descubriendo el amor y la vida. Me dejaba tomar su mano, besarla en público.

Las cenas de los domingos en casa de mis suegros también fueron durante mucho tiempo el escenario de esta mascarada.

Sin embargo, durante varias semanas, después del almuerzo, Ariane se refugiaba en la cocina, con el pretexto de ayudar a su madre y hermanas a lavar y ordenar los platos, y había largas reuniones conciliatorias entre ellas en las que no participaban los hombres. Me quedaba en la sala con mi suegro, que me preguntaba sobre mi trabajo, mis planes, o jugábamos juntos una partida de ajedrez, o me enseñaba los himnos que cantaran el domingo siguiente en el servicio.

Una vida que hubiera querido tranquila, sin incidentes. Una vida que se rompió como un cristal impuro. Pero quedé atrapado para siempre en las redes mortales de una araña venenosa.

# EL FINAL

Jorge me dio la pequeña habitación en la que me refugié, gratuitamente. No quería vivir en el apartamento de Justin y cargarlo con mi aire taciturno y arrepentimientos. Seguí trabajando, yendo a trabajar no sólo por costumbre sino por necesidad porque tenía que seguir manteniendo a mi ex-mujer. El divorcio aún no era oficial, pero sería una formalidad. No había sabido nada de Ariane durante más de tres meses y no quería saber nada de ella de todos modos. ¿Cómo se llegó a esto? Las cosas se habían precipitado a un ritmo vertiginoso, durante una discusión habían surgido las palabras "se acabó" y "divorcio". Ni siquiera sabía quién los había dicho primero. La vida rutinaria, los hábitos maritales, las paredes del hogar se habían derrumbado en un instante y yo, después de haber tenido la clara prueba de su traición, había hecho dos maletas en pocos minutos, dejando tras de mí años de lo que había deseado llamar felicidad y amor.

Había perdido mucho peso y alegría de vivir, incluso me resultaba difícil escribir, porque mi poesía giraba en torno a la obsesión de la traición, del amor saqueado. "El fin". Perdí el interés por todo, preocupado por la inminente reanudación de las clases, por cómo recuperar la motivación, el deseo de progresar, de aprender... Pero lo peor estaba por venir.

Una mañana, Antonin, mi jefe vino a buscarme al taller donde estaba ocupado:

- ¡Benjie! Oh, Benjie!!!!.... Recibí una llamada telefónica para ti, antes de que llegaras.

Miré hacia arriba.

- ¿Qué pasa?

Antonin parecía avergonzado.

- La policía, tienes que presentarte en la comisaría antes de mañana. Dije que llegarás más tarde, para darte tiempo a prepararte.
- ¿La policía? ¿Qué pasa? No me pusieron ninguna multa, ni una multa por exceso de velocidad... ¿No te lo dijeron?
- No, sólo dijeron que era personal.
- Será mejor que los llame ahora mismo, será mejor. Pero ya no tengo mi celular, ¿puedo llamar desde aquí?
- Claro, Benjie, y si tienes que irte ahora mismo, está bien.

Llame al número que me dio Antonin. Tuve un inspector bastante amargado al otro lado de la línea, que me preguntó dónde estaba ahora.

- En el trabajo, como siempre.
- No te muevas, voy a verte, necesito hablar contigo.

Se negó a decirme nada más y me colgó. Me preguntaba qué hacer, ¿reanudar mis actividades? ¿Esperar?

Mi sorpresa estaba en su apogeo, y tomé café, en la máquina, en la oficina del jefe, esperando a que llegara la policía.

No tuve tiempo de disfrutar del café, porque unos minutos más tarde, con un montón de sirenas y luces intermitentes, dos coches de policía estaban frenando fuerte frente a la compañía Mercery.
Cuatro inspectores sin uniforme, a penas que llegaron, estaban delante de mí, consultando una tarjeta, comprobaban mi identidad. Sin saber el propósito de esta espectacular redada policial, dejé que manipularan mi tarjeta de identidad, mis nóminas que habían pedido a Antonin, aturdido.

Luego se abalanzaron sobre mí como halcones, me esposaron, tirando de mis brazos hacia atrás sin piedad:

- Vayamos a la estación, Hombre!

Intenté protestar, pero uno de ellos sacó un garrote de su bolsillo y lo giró hacia mí con un aspecto amenazador, luego, me tiraron como a un criminal a uno de los coches. Tuve tiempo de gritarle a mi jefe:

- "Por favor, avísale a mi primo y llame a mi abogado! Es Emerson, Greg Emerson, Justin conoce su dirección.

En una posición muy incómoda, entre dos hombres que masticaban chicle y que habían decidido no hablarme, me llevaron como el último de los criminales a la comisaría central de la ciudad. Estaba aturdido, me dolían los brazos y las muñecas, no tenía idea del lio en lo cual me encontraba, pero sentía que la ira y la vergüenza se elevaban dentro de mí, porque me habían cogido, en mi trabajo, como a un criminal sin saber siquiera de qué se me acusaba.

Por fin llegamos a la comisaría, al pasillo por el que caminamos y luego a la pequeña oficina gris a la que fui arrojado sin ceremonias, exudando penumbra y suciedad, la única ventana que estaba frente a mí tenía una cortina amarilla por la nicotina y las ventanas de atrás estaban blindadas o cubiertas de suciedad, tanto que impedían que la luz del día se filtrara. No lo sabía. Me quedé allí, postrado, disparado.

Finalmente, un hombre mayor que los otros dos, con un fino bigote de Clark Gable, con las manos metidas en los bolsillos de su pantalón gris, apareció y se sentó frente a mí.

- Apellido, nombre, fecha y lugar de nacimiento, nacionalidad, trabajo... Debatía las preguntas después de abrir un ordenador detrás del cual se había refugiado. Protesté preguntándole de qué se me acusaba.
- Responde a las preguntas primero.

Me sentía como si viviera en una mala película en blanco y negro de los años 50.

Tenía un tono quebradizo, un aire cruel, y sus ojos negros me miraban sin condescendencia;
Le di mi estado de ánimo y repetí mi pregunta: "Por favor, ¿qué está pasando? »

- Usted es objeto de una denuncia de su esposa, por abuso y abandono de niños, así como por violencia doméstica.
- ¿Perdón?

No lo tenía todo grabado. Empezó de nuevo en un tono impaciente.

- Dije cargos por abandono de niños, abuso de niños y violencia doméstica.
- Debe estar equivocado, señor. No tengo hijos, y no he visto a mi esposa en mucho tiempo. Nos estamos divorciando. No soy el que buscas.

Me pareció tan obvio que incluso respiré un suspiro de alivio, pero nada perturbó a la persona con la que estaba hablando. Era muy terco.

- No tengo tiempo que perder, me lo vas a contar todo hombre, no te vas a salir con la tuya.

Seguí negando y repitiendo, el argumento supremo:

- No tengo hijos, esto es una locura. Y nunca he hecho daño a mi esposa...

La conversación giraba en círculos, el policía no quería descontrolarse, y yo proclamaba mi inocencia en voz alta.

- Por último, si tengo un hijo (una duda se me había metido en la cabeza, ahora conociendo la perversidad de Ariane), dime si es un niño, una niña, de qué edad, su nombre. Me gustaría saberlo.

El policía echó un vistazo al polvoriento reloj, cuya esfera redonda me miraba como el ojo de una plácida vaca.

- De todos modos, es hora de comer, te dejaré para que lo pienses y si no, esperarás a ver al juez, a partir de ahora estarás bajo custodia, ya que pones mala cara.

Estaba loco de rabia pero no quería agravar mi caso, movido por su aire engreído, despectivo y hermético. No me escuchó. Parecía sordo a todas mis negaciones.

Además, me asaltaron las mismas sospechas que ya me habían tocado a mí. ¿Y si Ariane había tenido un hijo? Pensé en los abortos cuidadosamente escondidos, tal vez había mantenido un bebé para esclavizarme, para darme remordimientos, para extorsionarme, o simplemente porque el amor no se había extinguido por completo. Traté de contar los meses desde que tuvimos sexo, desde que me dejó, me engañó. ¿Podría ser el padre de su hijo si lo tuviera? ¿Pero por qué no me lo dijo el abogado cuando estaba determinando la cantidad de la manutención que le estaba pagando? La situación se estaba volviendo omnipresente.

Estaba agotado, tenía sed, hambre, estaba solo en una celda con paredes de hormigón rugoso. Me habían desatado las manos, me habían quitado los zapatos y el cinturón, me habían vaciado los bolsillos, pero ese fue el único cambio notable en mi situación.

Esperaba el regreso de los inspectores y la llamada del abogado o de mi primo.
Sacudiendo las barras de la celda, grité por un vaso de agua cuando finalmente apareció un guardia descontento.

- ¡Tienes a alguien! Ven aquí.

Me sacó y me dio una pequeña botella de agua mineral al mismo tiempo. Mis labios estaban secos. Me prometí a mí mismo que me quejaría del maltrato, y me alegré de ver a Greg Emerson, mi abogado, de pie en el pasillo.

Sus reuniones con la policía fueron eternas. Greg trataba de tranquilizarme, de leer los detalles de los cargos que me habían enumerado brevemente. Tomó notas febrilmente y protestó de vez en cuando. Pero el oficial de guardia era sólo un subordinado, no muy familiarizado con el caso. Los detectives que había visto por la mañana habían desaparecido.

Finalmente, me dijo en un tono que no dejaba lugar al optimismo:

- "Desafortunadamente, Benjie, no hay nada más que pueda hacer hoy. Es viernes, son más de las tres, el juez no está aquí. Tienen que retenerte hasta el lunes.

Haré que tu primo te traiga algunas cosas. Está esperando mi llamada. Pero dígame, ¿no estaba Ariane embarazada cuando se separaron? ¿Nunca le pusiste una mano encima? ¿No me ocultaste nada?

Estas palabras me entristecieron:

- Te lo juro, Greg, deseaba tener un hijo y ella no. Nunca habría cambiado de opinión, cuando estuviera libre de nuevo, ¿sólo para meterse conmigo? No puedo quedarme aquí, Greg, ¿qué puedo hacer? En cuanto a golpearla o abusar de ella, ya me conoces, no puedo hacerlo, y la amaba tanto. Lo soporté todo por ella, para no tener que luchar, para que volviera a mí, siempre. ¿Cómo puede decir esas tonterías? Deberíamos llamar a sus padres. Es demasiado serio. Su padre es un hombre de Dios, me conoce bien, confirmará lo que le he dicho, y delante de ellos no se atreverá a mentir más. ¿Qué puedo hacer?
- Nada por el momento, amigo mío. Te tratarán bien, no hay pruebas de nada de esto. Te veré el lunes a las ocho en punto. Justin estará aquí. Lo siento, Benjie, pero va a pagar caro sus mentiras, y no nos vamos a rendir, créeme. Serás libre, tan pronto como veamos al juez, aunque tengamos que pagar la fianza. ¡No tiene ningún sentido!

Abuso de autoridad, falsedad, notoriedad pública, vamos a demandar por daños y perjuicios que no se va a salir con la suya, créeme. Y la policía también me escuchará por sus métodos despiadados y violentos. Aguanta hasta el lunes; Justin te traerá una radio, algunos periódicos y un libro o dos; les pediré que te trasladen a una celda más cómoda. ¿Quizás el guardia te deje ver la televisión con él? No eres un asesino. Tú eres "la víctima". Si algo sale mal, llámame. Recibirás una llamada mañana, he hecho un trato con el viejo, es agradable. Vendré a verte el domingo por la mañana. Señaló a un viejo policía, alto, un poco encorvado. Sus ojos estaban pálidos y miraba por la ventana, como si estuviera mirando al cielo, {a través de las baldosas grises;

-   Me encantan los pájaros", dijo el viejo a media voz, como si estuviera hablando consigo mismo. Tienen un alma hermosa.

Me quedé prohibido, este hombre casi viejo, tan lejos de la imagen que uno tiene de un policía, fuerte, joven, bien construido, tosco, me recordó vagamente a alguien. Pero él me cuidó, durante mis dos días en custodia policial, para que no me quedara sin agua o comida. De hecho, me trajo las cosas que mi primo tuvo que dejarme y por la noche me ofreció ver un partido de fútbol en la televisión cerca de él. No hablaba mucho, pero a veces podía mirarme con compasión y allí estaba, frente a los barrotes de la celda a la que me habían trasladado, mientras hacía un balance mental de los últimos meses de mi vida, tumbado en un fino colchón de paja y una sábana grisácea pero no demasiado sucia a primera vista.

Fue asistido por un joven policía que tampoco era muy hablador, así que pude quedarme allí y meditar durante más de cuarenta y ocho horas sobre mi deplorable destino, sobre la injusticia, el engaño del que había comparado con un ángel, que quería mi ruina, mi muerte.

Me maldigo a mí mismo por haberme dejado enredar en las redes mortales de la que ahora llamo "la tarántula".

# LA MUERTE EN EL ALMA

**En la encrucijada**

Rodado por la ola de desesperación, laminado, había perdido toda la fuerza y la combatividad. Aunque me hubiera resultado muy fácil, con la ayuda de mi abogado, los testimonios de mi jefe, mis amigos y, inesperadamente, los de la propia familia de Ariane, enferma de vergüenza y amargura, demostrar que había sido objeto de una abyecta maquinación, permanecí disgustado, herido para siempre por esta historia. Había sentido el malestar de los policías que me devolvían mis pertenencias, del juez que silenciaba las soberbias pruebas que había dado al principio de la audiencia, pero ¿puede todo esto borrar el recuerdo de las cuarenta y ocho horas pasadas en la celda del acusado, la detención arbitraria, la agresividad policial hacia mí, la forma en que había sido humillado públicamente en mi trabajo? Incluso cuando uno está libre de toda sospecha, no puede saborear su victoria, empañada por tantas otras cosas inolvidables. No tenía hijos, nunca había maltratado a mi esposa, siempre había asumido mis compromisos financieros. Cierto, pero mi honor había sido empañado. ¿Qué iba a hacer?

Caí en una especie de depresión, incluso peor que la que había experimentado antes. Me tomé unos días libres para reevaluar. ¿Mi vida iba a terminar allí, en medio de la carretera? Universidad, mi oportunidad estaba ahí, al alcance de la mano, ahora.

Encerrada en mi pequeña habitación, estaba pasando por todas esas desventuras de nuevo y no puedo decir si todavía sentía odio o amor por ese ángel caído que me había hecho llorar tanto.

Realizando de que el amor se consumó, se consumó, que a pesar de mi capacidad de perdonar fácilmente, nunca podría reconstruir sobre el montón de cenizas que Ariane había dejado a su paso, ¿cómo podía quedarme en esta ciudad, seguir viviendo como si nada hubiera pasado? Ya no podía soportar pasar por delante de nuestro antiguo apartamento, para ver el parque donde la silueta familiar del anciano que alimentaba a los pájaros se había desvanecido, y me tranquilicé diciendo que en mi estado de estrés y depresión, lo había soñado todo, imaginaba a este hombre quimérico. Mi mente debe haber estado perturbada. Mis instintos naturales de supervivencia se fueron apoderando lentamente y tuve que seguir adelante. Le pedí a la universidad que convirtiera mi beca en un viaje de estudios al extranjero, a París o a Londres.

El hecho de haber dado este paso me hizo darme cuenta de que empezaba a recuperarme y volver a ponerme de pie.

Ocupar mi mente, poner en orden mis asuntos que había descuidado un poco últimamente, pedir a mi banco una beca adicional en forma de préstamo estudiantil, fueron las tareas en las que me invertí durante unas semanas.

Tuve que tomar una licencia con pesar de mi jefe, Antonin, y Mario el dueño de la pizzería que me había apoyado incondicionalmente. Me mudé con mi primo por otro mes, sintiendo pena y compasión, y luego, no queriendo volver a Haití para no tener que enfrentar las lágrimas y el dolor de mi madre, que ya no entendía nada de estas situaciones de infelicidad, hice las maletas apresuradamente tan pronto como supe que mi petición había sido concedida. Fui uno de los estudiantes elegidos para estudiar en París, con una obligación de resultado, por supuesto. Nada mejor podría haberme pasado en ese momento.

Quería irme sin mirar atrás a mi pasado de dolor y aflicción.

# PARÍS DE TODOS MIS SUEÑOS

''El puente Mirabeau mira pasar el Sena
Mira pasar nuestros amores
Y recuerda al alma serena
Que alegria siempre viene tras de la pena
El amor se nos fuga como esta agua corriente...
El amor se nos va
Y los dias se alejan
Y aqui me dejan''

**(Guillaume APOLLINAIRE)**

En los últimos meses había recordado varias veces los preparativos para la partida. Había salido del aeropuerto de Newark el año anterior como un ladrón, con la cabeza gacha, el corazón pesado por el arrepentimiento y la pena al borde de los párpados, escondiendo bajo unas gafas oscuras mis ojos enrojecidos por el insomnio, girando una última vez antes de que yo pensara, mis ojos hacia la grandeza y la locura de Nueva York desapareciendo en las nubes. Tomaba un camino diferente, no me iba como un conquistador sino como un hombre herido que huía de su pesado pasado. ¿Era simplemente el olvido que había venido a buscar, una razón para renunciar, o el hecho de renacer, en la tierra de los poetas, en la ciudad de la luz, a orillas del Sena donde tantos escritores famosos habían vivido, soñado, producido tantas obras inmortales que llenaron mis cuadernos escolares!

Durante todo el viaje, me había bañado en una somnolencia convaleciente, aunque en lo más profundo de mi ser se estaba formando una nueva exaltación, que crecía con cada hora de vuelo que me acercaba a París, la mítica ciudad que todo el mundo quiere ver al menos una vez en la vida. Sabía muy bien que los meses que me esperaban no serían meses fáciles y que tendría que aguantar, estudiar mucho, tener éxito, desprenderme durante todo este tiempo de la nostalgia y sobre todo poner cierta distancia entre Nueva York y yo, borrar los recuerdos dolorosos.

Sin embargo, era reconfortante saber que esperan por uno. Tenía una familia de acogida. Así que el Sr. y la Sra. Deaunier eran los futuros anfitriones.

Ya deseaba sinceramente que podamos disfrutar de una buena convivencia. Sabía que viviría en Maison-Laffitte, un hermoso barrio, un suburbio residencial. Mi única preocupación por el momento era organizarme para el transporte, conseguir mi tarjeta de acceso a la biblioteca de la universidad muy rápidamente, y completar las formalidades de registro rápidamente, desde la distancia entre la Sorbona y Nanterre. Quería ser ejemplar en mis estudios y así rendir homenaje a todos aquellos que un día me honraron con su confianza. Miraba con atencion el avión de esta compañía americana, mi último vínculo con una forma de vida, los pasajeros hablando en inglés y francés. Estaba cruzando el Atlántico y liberándome de la cultura que había sido mía en los últimos años.

"Damas y caballeros, por favor, abróchense los cinturones... Abróchense los cinturones... Comenzamos el descenso al aeropuerto.

Charles de Gaulle. La temperatura en el suelo es de 16° Celsius... "No pude evitar sentirme conmovido por el anuncio.

ROISSY, aeropuerto Charles de Gaulle, clima templado a pesar de la ligera neblina de la mañana, las formalidades de llegada se despacharon rápidamente, había recuperado fácilmente mis maletas.

La familia Deaunier estaba en el punto de encuentro, detrás de la puerta de seguridad. Él, alto, con su pelo raro y despeinado, una mirada gris y chispeante detrás de sus gafas de montura, ella, una mujer dinámica y risueña con pelo castaño cortado al cuadrado, ojos azules y cuya amabilidad casi me hizo derretirme en lágrimas. Estas personas desconocidas que me abrazaron y me acogieron en suelo francés serían mi familia durante los próximos meses.

París se había puesto sus galas de otoño para recibirme, abrí bien los ojos, queriendo fijar para siempre estas imágenes de postal de la capital de Francia.

La bienvenida fue a la medida de mis expectativas, mis atentos anfitriones me llevaron a un largo paseo de reconocimiento por los principales bulevares.

Vi los Campos Elíseos, la Plaza de la Estrella, el Concorde, las orillas del Sena y los bateaux-mouches, el Louvre, el Centro Pompidou, Luxemburgo, esos lugares mágicos que conocía de la lectura, de las películas, de las canciones, sin haber puesto nunca un pie allí, todo me parecía familiar. Los comentarios del Sr. Deaunier fueron interesantes, concisos, y por supuesto me prometí a mí mismo que redescubriría todo por mí mismo en las próximas semanas.

Estaba especialmente fascinado por Montmartre, una meca artística, que me conmovió mucho. Me hubiera gustado que pasáramos más tiempo allí, pero se hacía tarde, me dije que era un pospuesto.

No sentía el cansancio de las horas de vuelo, ni la diferencia horaria, llené mis pulmones con el aire de París.
"Tú, París, me tomaste en tus brazos."
Habíamos comido en un bistro muy "parisino" que me había encantado.

Me había dado un festín de huesos asados (médula), espolvoreados copiosamente con sal de Guérande, mantequilla en tostadas, patatas gratinadas, todo ello regado con un pequeño vino del Loira que estaba descubriendo, porque mi cultura en esta zona se resumía en Burdeos como la capital representativa de la gastronomía francesa, los vinos de Alsacia de los que también había oído hablar y la Borgoña. Y me sentí tranquilo, relajado y ya enamorado de Francia. Esta estancia serviría para enterrar viejos fantasmas, para olvidar la decepción de un matrimonio destrozado, un divorcio desgarrador, para salir con un corazón ligero para una nueva vida.

"Cada herida se cura si no mata", pensé. Y tú, poeta, ya no serás el poeta del amor maldito, sino de la alegría y la esperanza".

El otoño y luego el invierno habían pasado, curando heridas que pocos cerraban; ahora vagaba como un conocedor por las calles del Marais, tenía mi rincón de ensueño en los Jardines de Luxemburgo, mis pequeños bistrós donde disfrutaba de una crema y un empanada por la mañana cuando no tenía escuela demasiado temprano, iba como un habitual en un pequeño snack bar hacia el Sacré-Coeur, y me detenía en ciertos puntos de observación de los puentes de París. Me encantaba cruzar el Campo de Marte y levantarme como millones de turistas ojos hacia la noble Torre Eiffel, poniendo mi mano a la altura de los ojos para protegerme de los rayos del sol. Todos estos gestos, todos estos caminos fueron míos a partir de ahora, me sentí "parisino" incluso por adopción.

Un viernes mientras paseaba por el Boulevard Saint-Michel después de la escuela fue cuando conocí a Josselin. Fuimos a tomar una cerveza, unos minutos después de conocernos, nos recostamos en el mostrador del bistro que me gustaba frecuentar de vez en cuando, en el café Luxemburgo para relajarnos antes de tomar el metro y el RER, para admirar las agradables y tan elegantes mujeres parisinas, para ver vivir a estos parisinos, la mayoría de los cuales en realidad parecían más extranjeros como yo, que viejos franceses de origen.

Lo que noté, sin embargo, fue que nosotros, estudiantes extranjeros, durante nuestra estancia en París, hicimos un punto de honor al copiar nuestro comportamiento y nuestra imagen en los clichés que nos habían enseñado sobre las costumbres y modales franceses.

Queríamos ser "elegantes", bien vestidos. Nos expresamos de manera distinguida, mientras que, en definitiva, los estudiantes que conocí en los bancos de la Sorbona, hablo de franceses que venían de todas partes de la

Francia metropolitana, en su mayoría tenían una personalidad descuidada, cabellos dudosos y hablaban un idioma que me parecía bárbaro, tan alejado de las reglas puristas de la gramática que tuvimos que asimilar para obtener nuestro título.

Josselin era haitiano como yo y estudiaba Historia. Me atrajo inmediatamente su risa estruendosa, su apariencia confiada. Era tan alto como yo, bien hecho, elegantemente vestido, tenía este optimismo que me faltaba y quería conquistar el mundo.

Era un profesional de la draga, decidido a aprovechar su estancia en Francia para seducir cualquier individuo femenino que estuviera a su alcance.

Se jactaba de salir con una mujer diferente por lo menos cada semana y contaba agradables aventuras de maridos engañados y relaciones clandestinas que a veces eran peligrosas. Siempre estuvo enamorado, pero cada vez de una chica diferente. De hecho, amaba a la mujer en todas las mujeres y no podía resistirse a ninguna sonrisa, a ninguna mirada, esa era su calidad y su gran defecto.

Así que me puse en su estela, juzgandome de haber sido demasiado sabio hasta a hora y de no haber dedicado tiempo a la conquista femenina que tenía que ganar absolutamente antes del final de mi estancia.

Tuve varios encuentros en compañía de Josselin pero como la garza de la fábula, ninguno parecía realmente digno de interés o correspondía a mi ideal. Y siempre buscaba algo mejor, después de los abrazos furtivos que me dejaban satisfecho sólo el tiempo suficiente para experimentarlos.

Sin duda, todavía buscaba el reflejo de Ariane, mi ex-esposa, a través de cada una de estas mujeres.

La relación con Josselin cambió efectivamente mi forma de vida, dimos hermosos paseos, paseando por las avenidas y rehacer el mundo, mientras mirábamos descaradamente a las chicas a las que nos acercábamos a menudo.

De vez en cuando, nos dábamos un capricho, una buena comida en el café de Luxemburgo el sábado por la noche, mientras contábamos nuestros escasos ahorros, que apenas alcanzaban para nuestras necesidades.

A veces también íbamos a bailar el sábado por la noche, frecuentando los clubes antillanos y más particularmente La Pointe des Antilles donde encontrábamos los ritmos del país y el calor de una pequeña tierra de ponche o ron, sin mencionar las amigables y sublimes chicas.

Esa noche, en Melun fuimos a bailar el skah shah número 1, era el 11 de abril de 1998; salimos solos. Josselin había dejado a su última novia demasiado posesiva para su gusto y estábamos decididos a no volver solos.

Josseelin vio inmediatamente a las dos mujeres sentadas al final de la pista. Tratemos de seguido por conseguir una mesa junto a la suya.

Una, la blanca, estaba vestida de negro, con su pelo color miel en un moño flexible, la otra, una maravillosa mulata, tenía el pelo corto, que se ajustaba a la forma perfecta de su cráneo redondo. Este corte le dio un aspecto muy elegante y racial a su cabeza, que ya admiraba.

Llevaba un vestido de seda verde agua que resaltaba su tez mate, y sus ojos almendrados me habían acariciado con su mirada dos o tres veces cuando decidí ir a su mesa para invitarlas a unirse a nosotros. Se negaron educadamente, pero Josselin, después de confiarme que ya estaba enamorado de la rubia, me aseguró que ganaríamos el caso y, sin mirar el gasto, llevó una copa de champán a la mesa de nuestros vecinos. Ellas parecían sorprendidas. Los ojos de mi elegida no dejaban de captar los míos, así que decidí invitarla a bailar.

Y, es el milagro, este extraño que tomo en mis brazos, se convierte en pocos segundos en el complemento perfecto de mi cuerpo que se mueve al ritmo de la brújula. Sus formas coinciden con las mías y nuestros pasos están instantáneamente en sintonía.

Comulgamos en esta danza que se convierte en una pura expresión erótica y me confundo porque esta maravillosa armonía que siento me impacta, me enamoro totalmente, allí, en esta pista de baile, de esta mujer de la que no sé nada y que me hace vibrar de pies a cabeza, sin que yo pueda controlarme.

Me vuelvo más audaz, la abrazo más fuerte, no es tímida y parece estar buscando ese contacto más cercano también. Con mi boca contra su oído, quiero susurrarle palabras de amor, pero me contento con decirle:

- Soy Benjie, ¿y tú eres?
- Marie-Reine, sólo me llaman Marie.
- Y sin embargo, es hermoso, Marie, todo un símbolo y ya eres mi Reina!

Se ríe y su cálida y profunda risa me confunde aún más.

Es una risa de mujer, no una risa infantil o cristalina, soy muy sensible a ella.

Así que le digo:

- Espera, ya vuelvo...

Y corro a la mesa para coger un ramo de un pequeño jarrón y vuelvo a ella, que no deja de reírse...

"Te envío este ramo que mi mano
escogio de estas flores florecientes.."

- Gracias, dices cosas bonitas... ¡qué bonito homenaje!
- Estos versos son de Ronsard, yo también soy poeta, pero tú merecías algo mejor que yo.

El hielo se rompe y es de la mano que volvemos a la mesa donde Josselin y la amiga de Marie, están en una tierna conversación ya que mi amigo, no pierde el tiempo y lo veo abrazando a la que se presenta como Léa.

Aún no me atrevo a hacer lo mismo con Marie, pero sus manos presionando las mías, su mirada elocuente son la invitación que esperaba e inclinándome hacia ella, finalmente puse mis labios impacientes sobre los suyos.

Estoy enamorado, esto está confirmado. En cuanto a María, parece estar dispuesta, pero mi timidez natural resurge y me falta totalmente la confianza en mí mismo. ¿Cómo podría esta reina entre las mujeres estar interesada en mí?
Esta noche, por primera vez desde mi llegada, tuve la impresión de que mi vida iba a cambiar para mejor.

Intercambiamos nuestra información de contacto porque el tiempo pasó sin que nos diéramos cuenta, pero el salón de fiestas que organizaba la fiesta de la brújula esa noche iba a cerrar y desde Melun teníamos un largo camino por recorrer.

Josselin me trajo de vuelta en el magnífico Ford Fiesta que acababa de adquirir y que nos permitía movernos para las excursiones.
Con la cabeza llena de las palabras que había intercambiado con Marie, oliendo todavía el perfume embriagador que se elevaba de su cuello y sus muñecas, sólo podía sentir alegría y amor loco, olvidando todos los malos recuerdos. Sólo pensaba en la felicidad.

"El tiempo se va, el tiempo se va, mi señora."
De hecho, estaba ansioso por acelerar las cosas y esperaba que mi reina se decidiera rápidamente. ¿Debo forzar el destino?
La soledad emocional que me acompañaba desde hace unos meses estaba a punto de despedirse y no me arrepentiría.

En el camino a casa, mientras Josselin hacía planes para su futura relación con Lea, me quedé bastante callado porque me sentí aturdido por los sentimientos que surgían dentro de mí, la alegría me impedía decir palabras coherentes, soñaba pero esta desesperación romántica que me caracteriza no se cansaba de acechar para socavar mi felicidad.

¿Iba mi corazón de poeta lacerado a curar finalmente sus heridas?
"Oh, María, llena eres de gracia".

Es un poco en este estado de ánimo que todo el día siguiente, hice un intento de inclinarme sobre un curso importante pero "El pensamiento de la Ilustración" no me cautivó y mi alma de poeta, estaba en efervescencia. Unos amigos haitianos habían organizado una pequeña fiesta esa noche y Josselin me llevó allí casi a la fuerza.

La noche estaba en pleno apogeo, pero mi corazón no estaba disfrutando realmente, mi mente estaba preocupada por la noche anterior y la violencia de los sentimientos que me agitaban hacia esta persona, María de todos mis sueños, a la que probablemente nunca volvería a ver.

-   Benjie, tu teléfono no deja de sonar. ¿No vas a contestar?

Josselin me llamaba y me di cuenta de que había dejado mi teléfono en el bolsillo de la chaqueta que acababa de poner en el sofá porque el ron y la cerveza, el buen vino y el champán se mezclaban, la temperatura había subido mucho en la habitación donde todo el mundo se inquietaba, bailaba, reía, fumaba, hablaba, bebía.... Estaba a cien leguas de distancia y en el alboroto que me rodeaba, apenas podía darme cuenta de que Marie estaba tratando de decirme algo. Salí y finalmente escuché su profunda voz hablándome, diciéndome que ella también había pensado en nuestra velada de la noche anterior, quería verme pronto de nuevo y esperaba que cenara con ella la noche siguiente.

Vivía en Drancy, Boulevard Jean Jaurès, y me dijo que me reuniera con ella a las siete y media en la estación donde me recogería.

¿Cómo puedo describir mi alegría, mi deseo de saltar, de gritar cuando escuché esta invitación?

Decidí entonces tomarle la palabra al señor de Ronsard cuando le aconsejó:
"Lo tomaré al pie de la letra".
"Vive ahora, no esperes hasta mañana
"Recoge hoy las rosas de la vida".

Decidí cambiar mis hábitos, a punto de embarcarme de lleno en la aventura que me estaba extendiendo los brazos y amando locamente a mí Reina, para siempre.

Apenas había amanecido cuando ya estaba ennegreciendo las páginas del cuaderno en homenaje a María, mi amada:
"Qué gracia y qué sombra
En el suave y seductor resplandor,
Tienes la franqueza de un niño
Y los paseos inocentes
Tus ojos que son los ojos de un ángel

Sabe tanto sin pensarlo,
Revelar el deseo de un hombre extraño
Por un beso inmortal... "....

Y los versos se sucedieron, los poemas se sucedieron bajo la inspiración de mi musa. De hecho, no pude seguir ninguna conversación, llena de impaciencia por la cena. Me aseguré de aislarme lo más posible durante toda la tarde, antes de prepararme para esta fabulosa ocasión.

La Sra. Deaunier era, dije, como una segunda madre. Éramos dos estudiantes extranjeros viviendo en esta hermosa mansión, una mansión con establos porque la familia había estado criando caballos de carreras durante generaciones.

Cada uno de nosotros vivía en un pequeño, muy funcional y bonito apartamento encima de los establos, con un comedor muy bonito, un pequeño baño privado, un escritorio con un ordenador y muchos estantes utilizados como biblioteca. Aprecié la inusual comodidad de un estudiante, pensando en la mayoría de mis colegas de la universidad alojados en techos con poca calefacción y sin comodidades.

Le debía mucho a esta acogedora y hospitalaria familia. Podía contar con deliciosas comidas todos los días, comidas en familia. Las fiestas eran también una oportunidad para reunirse con sus seres queridos y para todas las ocasiones especiales, Madame Deaunier sabía cómo organizar una pequeña fiesta sorpresa o una buena reunión familiar con una cena refinada.

Me animó en mis estudios y abogó por un gran éxito para mi futuro:

- "Este es nuestro futuro embajador", dijo ella.
- "Eres nuestro próximo Kofi Anan, Benjie."

Ella realmente creía en mí y mi soledad en ese momento se había suavizado considerablemente por toda esta reflexión, este capullo familiar que había encontrado de nuevo, la solicitud de todos los miembros de la familia, padres e hijos.

Hasta el día de hoy su recuerdo me sigue conmoviendo y sigo muy apegado a ellos, sabiendo que soy su huésped perpetuo, casi diez años después.

# MARIE-REINE MI AMOR

Creo que el amor puede durar toda la vida...
Y el corazón puede definir cuando el amor es real...
Creo que puedo arriesgarme
Y decir lo que siento... (**Creo, Lociano Benjamin**)

El viaje de Maison Laffitte a Drancy me pareció una eternidad, tenía tanto miedo de un retraso del RER o de una huelga sorpresa o cualquier otro incidente que pudiera frustrar mi proyecto que me fui con una buena ventaja. El viaje me llevaría una media hora. Me subí al RER A en dirección a Marne-la-Vallée, no me molesté en sentarme aunque había asientos, ansioso por no arrugar los pantalones del traje de lino que me había puesto, para una relajada elegancia porque no quería llegar demasiado bien vestido sin saber dónde íbamos a cenar y así evitar que se sintiera incómoda si no había proporcionado un baño adecuado.

Al acercarme a Châtelet, la estación donde tenía que bajar para coger una conexión, mi corazón latía con fuerza, me sentía como si estuviera oprimido, antes de coger también el RER B de Roissy que debería llevarme a Drancy.

Diecinueve quince, finalmente me encontré en los andenes de la estación.

La espera comenzó, observé cada paso con tacones altos, cada silueta que surgía al final de las plataformas, preocupado, mis manos sudorosas. Me parecía que la gente me miraba con insistencia y luego con recelo a medida que pasaba el tiempo, pues pronto fueron las 19:30, luego las 40, luego las

50 y luego las veinte. Caminé por esos malditos muelles sin atreverme a hacer un intento de salida en caso de que viniera del otro lado.

Poco después de las ocho, ansioso, decidí llamarla al número que me sabía de memoria, un guiño del destino que había pensado, en mi fecha de nacimiento.... 11 60.

- Hola, ¿quién es?

Al final del tercer anillo, esta voz infantil me desconcertó. No esperaba un niño pequeño en el teléfono y me quedé sin palabras por unos segundos.

- ¿Quién es? ¿Quién es?

La niña insistió, y yo pensé que había marcado el número equivocado.

- Disculpe, quería hablar con Marie-Reine pero debo haberme equivocado...
- Marie-Reine, es mi mamá, ¿quieres hablar con ella?
- Sí, por favor,
- Pero ella no está aquí. ¿La conoces?
- Algo así... Soy Benjie, ¿sabes dónde está?
- No, estoy con la niñera.
- ¿Cómo te llamas, Benjie?
- Jonathan. Tengo seis años, pronto tendré siete.
- Adiós, Jonathan.

La canción de Claude François resonó en mi cabeza, y tuve la impresión de que el teléfono también estaba llorando.

Me sentí impotente al descubrir que tenía un niño del que no me había hablado. Pero después de todo, no sabía nada de ella. ¿De qué podría culparla?
Veinte y quince. ¿Debería volver? El tiempo de espera decente había pasado. La canción de Claude François comenzó a resonar en mi cabeza.

"El teléfono está llorando... Tú no eres el... »

- ¡Benjie, Benjie!

Corre a lo largo de los muelles tan rápido como puede con sus zapatos de tacón de cuña y su vestido rojo que moldea su cuerpo de diosa, el cuerpo que me sujeté con fuerza y que volcó mis sentidos al sonido de la brújula. Lleva grandes criollas doradas en las orejas que la hacen parecer una reina africana con el pelo recogido en un turbante rojo. La encuentro radiante y realmente hermosa y mi amor por ella me parece ya una evidencia innegable.

Se lanza a mí y espera un beso, pero yo la miro y le pregunto:

- ¿Querías poner a prueba mi paciencia o qué? Llevo una hora esperándote.

No me responde y simplemente dice:

- ¡Bésame! ¡Bésame!

Estoy encantado con esta invitación, pero me decepciona no obtener una respuesta a mi pregunta y cuando le digo que la llamé a casa, cambio de opinión y no digo nada. Me lo contará todo ella misma.

La beso una y otra vez y me dice que podemos cenar en un restaurante japonés en el Boulevard Jean Jaurès donde ella vive.
El recuerdo más fuerte que tengo de mi amor por ella es el sabor y la pasión de nuestros besos.

Esa cena duró por lo menos dos horas y nos mantuvimos tomados de la mano, mirándonos a los ojos como para emborracharnos, para meternos en la sangre del otro.

Dejamos el restaurante en los brazos del otro y nos besamos más libremente en la calle, no podía cansarme de su cálida boca, su mirada como si se hubiera ahogado en la mía. El tiempo ya no importaba, ya no veíamos a la gente o las cosas a nuestro alrededor. Caminamos por la noche, pegados el uno al otro, maravillados por lo que nos pasaba y percibiendo sólo el minuto presente, el calor del otro, su perfume, la suavidad de sus labios una y otra vez.

"Los niños que se aman se besan de pie.
Contra las puertas de la noche
Y los transeúntes que los señalan
Pero los niños que se aman no están ahí para nadie...
Y es sólo su sombra...
Que tiembla en la noche...
Están mucho más lejos que la noche.
Mucho más alto que el día
En la deslumbrante claridad de su primer amor".

**(Jacques Prévert)**

No era mi primer amor, porque acababa de salir de un divorcio que me había llevado a París, ya no era un niño, ni tampoco Marie, pero era lo mismo. Estábamos redescubriendo los fervores furtivos de los adolescentes.

Así que me sorprendió mucho que me lo dijera:
- "Ven a mi casa, estaremos mejor...
Estaba a punto de contarle lo de Jonathan, también, pero no quise hacerlo. Un edificio moderno, un pequeño jardín con flores frente al porche, en la planta baja, a la derecha de la entrada, descubrí el apartamento de tres habitaciones de Marie-Reine, su brillante y luminosa decoración, un universo muy femenino, a su imagen.

Me hizo sentarme en un sofá azul. En la pared había pinturas haitianas ingenuas, Sterling Brown, Jean-Tony Moise, Dit-Titonton, que me llamaron la atención.

Me ofreció un vaso de vino y se sentó a mi lado en el sofá.

Por fin se reveló el secreto y se inclinó hacia mí, con una especie de ansiedad en sus ojos y me preguntó:

- Si descubrieras que no vivo sola, ¿qué dirías?
- No lo sé, pensé que eras libre.
- No es un hombre, tengo un niño, un niño de siete años y medio!

Ni siquiera miré sorprendido y le contesté:

- Lo sé, conozco a Jonathan.

Era su turno de estar asombrada, y se puso de pie.

- ¿De qué conoces a mi hijo?

Y le conté de mi impaciente llamada a su casa desde la estación.
Se relajó y volvió a mis brazos.
Hablamos de cosas y otras durante media hora; me enteré de que era asistente de laboratorio en Denfert-Rochereau.

Pero las palabras fútiles comenzaron a cansarnos y de repente nuestro beso se hizo más largo y profundo, y nuestro deseo nos abrumó. Al levantarse de repente me coge de la mano y me lleva a su habitación. Tenemos fiebre y nuestros gestos impacientes son torpes para quitarnos la ropa. Tiene una flexibilidad felina para envolver sus piernas alrededor de mi cuerpo estirado, se entrega sin restricciones, sin falsa modestia.

La tumbo en la cama y hacemos el amor brutalmente, apasionadamente, me derrito en ella y me grita su placer como ninguna mujer lo ha hecho antes.

No podemos satisfacer nuestros cuerpos hambrientos, aferrándonos unos a otros como si fuéramos un náufrago. Sus caricias no me dejan ningún respiro.

Volvemos a empezar un poco más tarde, esta vez con más ternura y calma, descubriéndonos como amantes atentos.

- Te quiero
- Te quiero
- Te quiero
- Te quiero

Estamos al unísono y me gustaría detener el tiempo en estos minutos de extrema felicidad. Estoy como aturdido, porque después de la desesperación y la soledad, veo el cielo abrirse.

# EN PARÍS CON ELLA

Mis fines de semana estaban ahora completamente llenos de mi nuevo amor, y formé una relación amorosa con el pequeño Jonathan. El niño me esperaba por las tardes, jugábamos juntos y los domingos llevaba a "mi pequeña familia" a pasear por los Jardines de Luxemburgo y a veces tomábamos un bateau-mouche para pasear por el Sena. Me sentí orgulloso. Me vi a mí mismo como un hombre de familia. A veces me detenía a ver a Marie-Reine caminar delante de mí, se veía muy bien. Su elegancia y sensualidad hizo que mis sentidos se volcaran. Éramos una hermosa pareja y a veces podía sentir los ojos envidiosos de la gente sobre nosotros.

Compartimos las alegrías de cada día y nuestras noches febriles me reconciliaron con la existencia.

Jonathan tenía un padre, sin embargo, que vivía en Martinica y durante las vacaciones escolares, acogía al niño. Entonces mi Señora fue todo para mí y fuimos a visitar esa Francia que había empezado a descubrir con mi banda de amigos el año anterior.

Cada región era un placer renovado. Empezamos con Bretaña, sus costas recortadas, pequeños puertos pesqueros cuyos nombres evocaban mis lecturas pasadas: Saint-Malo, Saint-Brieuc, Douarnenez, Plougastel, encontré estos nombres románticos y orgullosos a la vez.
El aire animado del océano azotó mi cara y el pelo liso de Marie-Reine la hizo como una corona de rizos que desenredaba mientras reía por la noche; en los pequeños hoteles donde nos alojábamos.

Una noche en una playa, la vi avanzar, habíamos recogido conchas antes del atardecer y esa figura curvilínea me sostuvo allí como un imán, paralizado, MARIE-REINE.

Había guardado silencio, durante todo el viaje de regreso, porque me sentía deslumbrado, iluminado por los sentimientos que subían en mí, la alegría me impedía pronunciar palabras coherentes, soñaba pero este fondo de desesperación romántica que me caracteriza no se cansaba de merodear para iniciar mi felicidad.

¿Iba mi corazón de poeta lacerado a curar finalmente sus heridas?
"Oh, María, llena eres de gracia".

En mi exaltación, vi a María como nimbo de la perfección mariana, adornada con todas las gracias y a la luz de quien dio a su hijo para salvar a los hombres.

Es un poco en este estado de ánimo que pasé todo el día siguiente, hice un intento de inclinarme sobre un curso importante pero el pensamiento de la Ilustración, aunque fundamental para nuestra civilización, no logró fascinarme, mi alma de poeta, estaba en efervescencia.

MARIE-REINE una y otra vez
(…)
Tus ojos que son los ojos de un ángel
Sabe tanto sin pensarlo,
Despertar el deseo de un hombre extraño
Por un beso inmortal...

**(Lágrimas de amor, Lociano Benjamin)**

La vida que empecé fue como un brutal pero delicioso despertar a la vida. Vi el mundo a través de un prisma multicolor, y los momentos con mi amante eran como estancias en el paraíso. Estaba volando a nuestro creciente encuentro. Su pequeño apartamento se convirtió en un joyero de infinita ternura donde pasé días felices.

Al principio Jonathan se asombró de mi presencia, pero no se acostumbró, pues sólo lo veía furtivamente cuando venía por las tardes después de la escuela y los fines de semana, pero nos convertimos en los mejores amigos del mundo, y antes de irse a la cama intentaba quedarse en la casa para acurrucarse en mis brazos durante unos minutos, para que yo le leyera un cuento o jugara un poco con él.

Me sentí bien y empecé a sentir la responsabilidad de un padre para con él. Me interesaba su trabajo. Jonathan necesitaba estar con un hombre porque su propio padre estaba en Martinica. Había oído que Marie estaba divorciada pero que había mantenido una muy buena relación con su ex-marido.

Cuando llegaron las pequeñas vacaciones de Pascua casi podíamos compartir momentos de la vida familiar real. Seguí estudiando en serio porque mi éxito tenía que hacerse realidad para poder considerar otros proyectos, y pensé: "ella es mía, esta maravillosa mujer es mía", y sentí olas de felicidad que subían con la marea. El futuro se limitaba a lo inmediato, a estar en su compañía,
a tener éxito en mis estudios, aunque a veces se me cruzaba por la cabeza la cuestión de mi regreso a los Estados Unidos. No quería imaginarme por el momento nada más que los días venideros, nuestra próxima escapada romántica, nuestro próximo viaje a París, mi próximo examen de la universidad.

Casi a diario, Marie-Reine tenía noticias de su hijo por teléfono. Llamó a Martinica, pero a veces tenía la impresión de que algo la molestaba.

- Es mi ex", dijo ella, "parece que a veces se muestra reacio a dejarme hablar con Jonathan. Me culpa de haberle molestado, pero ¿qué piensa, que me voy a quedar aquí sentado sin saber nada de mi hijo?

Intentaba tranquilizarla y apartarla de su mente, explicándole que el niño también estaba de vacaciones, que se le debía permitir respirar, disfrutar de la presencia de su padre...

Algunos días, la discusión continuaba con Francky, su ex, y ella me rogaba que dejara la habitación, que la dejara ocuparse de sus problemas familiares a solas. Me sentía un poco excluido pero, agarrando un libro, salía al balcón del dormitorio y me instalaba en el estruendo de las gaviotas y el estruendo de las velas del puerto. No quería convertirlo en una montaña, mi amor era tan fuerte que me hubiera gustado ocuparme de todos sus problemas, pero tampoco quería invadir demasiado su vida privada.

# PLANES DE VACACIONES

Me propuse volver a Nueva York durante el verano para arreglar algunos asuntos, para ver a mi primo que intentaba conseguir un visado para su madre y la mía, para que pudieran visitarnos. Me había prometido a mí mismo ayudarle con los trámites y preparar esta llegada con la pompa que se merece.

Me costó arrancarme de los brazos de mi amante y abandonarla en París durante el verano. Decidí hacer un gran sacrificio financiero e invitarla a quedarse unos días en la "Grosse Pomme". Me había dicho que soñaba con ir a Nueva York, pero pensé que no sería fácil conciliar la estancia de mi madre Margarita, que tendría que ir a todas partes, y la de mi hermosa mulata, cuyos centros de interés serían diferentes. No tendríamos mucha privacidad, especialmente si nos quedáramos todos en casa de Justin. Estaba muy preocupado por esta decisión. Así que hice que mi primo alquilara un pequeño piso amueblado durante seis meses, el mínimo que el propietario nos permitía, no lejos de su casa, encontrando una solución intermedia que consolara a todo el mundo, y fui a las agencias de viajes para conseguir los boletos de Jonathan y de su madre, más o menos en la misma fecha en que me fui. Me detuve en el banco para dar la orden de transferencia al propietario, y para verificar el estado de mi cuenta bancaria, que empezaba a disminuir. Pero sabía que mi beca de segundo año se pagaría dos meses más tarde, y sin locura podía permitirme este gasto inesperado. Los ahorros que había hecho durante los años en que había trabajado tan duro me sirvieron bien ahora y continuaron creciendo. Hice una breve parada en la floristería de la calle para comprar un ramo de tulipanes para mi prometida, luego en una librería, elegí un cómic para niños. Jonathan amaba a Boule y a Bill porque soñaba con tener un perro. Dejé volar mi imaginación, proyectándome en un futuro no muy lejano, con una casa blanca con barandilla, al estilo de Nueva Jersey, con un jardín y el cachorro de Jonathan, que parecería una gran bola de pelo, ladrando delante de la casa.

-   Escucha, pequeño, ¡tengo una bonita sorpresa para ti! (Escucha, pequeño, tengo una sorpresa para ti)
-   Bien, ¿qué es eso Benny?

Jonathan me había apodado Benny, lo que le sonaba más fácil de pronunciar que Benjie.

Estaba acurrucado a mi lado, con la cara atenta y los ojos bien abiertos. Podía ver a Marie-Reine, ocupada y sonriente en la cocina, preparando un pastel de pastor, uno de los favoritos de su pequeño.

-   Te llevaré conmigo para las vacaciones, vas a ver América.
-   Bravo, bravo, ¿también mamá?
-   Por supuesto, si nos ama, y si es sabia, vendrá de vacaciones con nosotros!
-   Mamá, mamá, ¿te has enterado? Nos vamos a América con Benny. Voy a ver indios y vaqueros de verdad, y animales, osos, alces...

Jonathan gritó de alegría y saltó al lugar, aplaudiendo.

Marie-Reine se había dado vuelta de repente, la sonrisa que había iluminado su rostro unos minutos antes había desaparecido de repente.

-   ¿Qué clase de historia es esta? Sabes que no es posible.

Entonces dirigiéndose a mí, en tono reprobador:

-   ¿Por qué has dicho eso? Sabes que Jonathan va a casa de su padre por las vacaciones, ¿por qué hacerle creer cosas imposibles? Estás inconsciente, ¿te imaginas su decepción ahora?

Me lo prohibieron, convencido de que había cometido un lamentable error, y temiendo que las lágrimas del niño salieran por mi culpa. No, no creí que pudiera pasar todas sus vacaciones en Martinica por una vez.

- Lo siento, cariño, no lo había pensado. Los conseguí dos boletos pero la fecha de regreso está abierta, podríamos quedarnos con él por unos días y luego..;
- Así es, y luego se irá solo como un niño grande a las Indias Occidentales, por supuesto. ¿Pero quieres que su padre me declare la guerra o qué? Cuando se va de Roissy, siempre hay un conocido que va a casa, podría vigilarlo, incluso si va a UM (como menor no acompañado). De todos modos, había decidido ir con él allí para ver a mi familia también.

Vi grandes lágrimas cayendo por las mejillas del niño y corrió a su habitación, ahogando grandes sollozos.

- Ahí tienes, tú ganas. Va a estar inconsolable.
- Lo siento, realmente quería complacerte, pensé que no podía irme de vacaciones y dejarlos a los dos en París. Incluso alquilé un apartamento para nosotros.
- Mira, Benjie, yo no te pedí que hicieras esto, lo hiciste con buena intencion, pero debiste pensarlo mejor. De todas formas, antes de decírselo al chico, deberías habérmelo dicho a mí.

Me di cuenta en ese momento que Marie-Reine había anunciado que también iría a Martinica.

- ¿Por cuánto tiempo te vas? Y yo que pensaba que no podías pagar el boleto de avión.
- De hecho, es su padre quien paga los boletos para asegurarse de que ve a su hijo y creo que me quedaré un mes.
- Su padre, ¡¡pero él estaba desempleado!!
- Encontró un trabajo el mes pasado.

Sentí un sabor muy amargo en la boca, como la bilis, pero con un sabor de "déjà vu", de repetición de una situación, y me sentí muy mal.

Nos costó mucho trabajo llevar a Jonathan a la cena y hacer que nos hablara en un tono normal durante la cena y a la hora de dormir.

Decidí no quedarme esa noche, yo también estaba decepcionado por haber hecho mal, decepcionado al saber que Marie-Reine me había ocultado este proyecto, y especialmente decepcionado al saber que Francky había pagado los boletos de avión, mientras que tres meses antes me había visto obligado a renunciar a cierta suma para ayudarle.

Besé, contrito, al niño, que, con los ojos aún enrojecidos por las lágrimas, me susurró al oído:

- Dime, ¿Iré contigo algún día?

No me atreví a confirmárselo, temiendo la ira de su madre, pero le respondí muy bajo:

- Sin duda, un día, serás más grande.

Las efusiones de la salida a Maison-Laffitte fueron menos apasionadas que de costumbre y mi amada no hizo nada para detenerme. No insistí y con el corazón pesado me dirigí a la estación de metro más cercana. Cuando dejé que la puerta principal se cerrara de golpe detrás de mí en la parte inferior del edificio, noté un gran gato gris cuyos ojos amarillos me miraban fijamente por la noche; ni siquiera se estremeció al oír cómo se cerraba la puerta.

¿Por qué me llama la atención este gato? Tuve como un flash la visión de un gato similar que, durante nuestra última escapada romántica en Bretaña, se había instalado en la esquina de nuestra terraza y se había escapado una noche, asustando a Marie-Reine que se había apoyado en la barandilla. Esa noche compuse versos tan tristes como mi corazón, como si el alma de mi poeta hubiera perdido todo el optimismo.

"Tu mirada mágica electrifica mi cuerpo...
Transforma el odio en un sudario de amor
Y me arrastra a su puerto

Donde los ruiseñores me juegan sus trucos
Mi corazón está sangrando profusamente
Te amo, antorcha de mi alma,
Déjame huir con las alas de un flamenco.
Eso me hace estar en el delirio del éxtasis..

**(Lágrimas de amor, Lociano Benjamin)**

Sin embargo, con el paso de los días, la tormenta se disipó y esperé paciente y asiduamente a que mi Reina recuperara su brillante sonrisa. No estaba seguro de cómo volver a sacar el tema con ella, ¡me hubiera encantado presentarla a mi familia y a toda América!

Simplemente cancelé los biletos de avión y esperé a que mi amada volviera a este tema. Reanudé mis vísitas nocturnas y nuestro ocio dominical. Una noche, por casualidad, escuché algunos fragmentos de conversación mientras veía la televisión en la sala de Marie-Reine; ella estaba hablando con Francky, y la escuché hablar por primero sobre el viaje en Martinica luego se rió brevemente como si estuviera tensa, y cambiando de tono repentinamente, números, exclamaciones, tenía que hablar de dinero con él. Me concentré en el espectáculo para evitar, en la medida de lo posible, escuchar más.

Nuestras noches reanudaron su curso bajo la égida de la pasión, el amor sensual y los juegos eróticos, no me cansé de su cuerpo ofrecido. Tres semanas nos separaron de la gran partida. Casi me magullaron los preparativos de equipaje, Jonathan, quizás acompañado por su madre, ya no insinuaba nada, y jugaba tranquilamente por la noche con sus cochecitos en su habitación sin llegar a ser acurrucado largamente en mi regazo, como en el pasado.

Entonces llegó la fatídica fecha y reservé un boleto para el día anterior a su partida para no permitirme las efusiones que me habrían dejado solo en el aeropuerto. Preferí que fuera al contrario, y que me despidiera de ella en su puerta, diciéndole que me llamara lo antes posible y que si tenía problemas, me abrazo muy fuerte: "¡No te preocupes, te quiero, nos llamaremos! ¡Y saludes tu madre de mi parte! ».

Bajé las escaleras de cuatro en cuatro sin dar la vuelta, un taxi me esperaba abajo y casi me caigo en el umbral del edificio cuando este maldito gato gris me hizo girar entre mis piernas, me había asustado, no lo había visto y desapareció en el vestíbulo con un miau ronco.

En el balcón vi la silueta de mi amada estrella, vestida de rojo con ese vestido ajustado que me gustaba, y la manita de Jonathan saludando frenéticamente, pero el taxi empezó con prisa, porque llegamos tarde;

Durante todo el viaje, traté de controlar la emoción que me atenazaba y con los ojos cerrados, esperé pacientemente a que se cubriera la distancia que nos separaba de Roissy, en un hermoso sol claro que calentaba París.

Sabía que no era una partida triste o una ruptura, pero algo en mí permanecía oscuro y melancólico, no podía acostumbrarme a la idea de pasar estas vacaciones lejos de Marie-Reine, pero un pequeño rayo de alegría bailaba dentro de mí, también quería abrazar a mi madre y cuidarla durante tres meses, ella se lo merecía.

# DE VUELTA A NUEVA YORK
# CON LA FAMILIA

"Bendito sea aquel que, como Ulises, ha hecho un buen viaje...
O como el que conquista el vellón...
Y luego regresó lleno de uso y razón.
Viviendo entre sus padres por el resto de su vida".

**(Lamenta, soneto XXXI, Joachim du Bellay)**

A menudo había adoptado esta ideología de Du Bellay, un poeta del Renacimiento francés cuya obra descubrí durante mis estudios, y me asimilé a Ulises, volviendo a probar las alegrías de la cuna familiar, después de una serie de desastrosas desventuras. Pero por definición, mi "pueblito" era sólo un señuelo, ya que yo ya había optado por un país poderoso que me ofrecía precisamente esas oportunidades de viaje, y mi "regreso a mis raíces" estaba distorsionado de antemano. No fue en Puerto Príncipe donde mi destino me esperaba a partir de ahora.

Pero otras convicciones estaban sacudiendo mi proyecto, ¿qué pasaría si tuviera que mudarme a París para vivir allí con la mujer de mis sueños? ¿Y si, al negarse a acompañarme en las vacaciones, me hubiera dicho que no teníamos un destino común ya que tuve que dejarla para seguir mi carrera académica? ¿Había sido más previsora y pragmática que yo en este asunto?

Mi corazón estaba preocupado y mis preguntas eran dolorosas, una vez más esta fue la razón por la que no traté de comunicarme con ella desde los primeros días de mi llegada.

Con los brazos abiertos, gafas de sol en la cabeza, una camisa de lino chocolate sobre pantalones de color claro, había notado, tan pronto como el control policial había pasado, que mi elegante primo Justin venía hacia mí, caliente como de costumbre, y yo sólo había podido recordarme de la primera vez que me recibió en el mismo lugar, de la misma manera, unos años antes. ¡Cuánto han cambiado las cosas desde entonces!

Había llegado, apenas mayor de edad, temblando de timidez, sin recursos, un exilio triste y vulnerable pero lleno de buena voluntad para invertirme y pertenecer a la esfera de los intelectuales, a este brillante mundo de América. Había realizado mi "Sueño Americano". Mi idioma oficial era americano, mi pasaporte era americano, mi sustento y apoyo financiero para mis estudios era americano, mi forma de vida era americana, pero sin negar mis orígenes, sabía lo que le debía a la tierra del Tío Sam. ¿Por qué, ese día de vuelta a casa, no me sentí tan feliz como debería haber sido? Una parte de mí había adoptado París y estaba sufriendo la separación.

"Sí, volvía solo, como me había ido casi dos años antes, pero había descubierto un tesoro en París, la mujer ideal, la cómplice, la que me hizo hervir los sentidos, esa belleza mixta, elegante, sensual, divertida, con la que probablemente sueñan tantos hombres. Sabía que sentía algo por mí, había conjugado tantas veces el verbo "amar" en nuestras jugadas, vivíamos juntos casi continuamente, compartíamos nuestros amigos, nuestras aficiones, nuestras salidas e incluso nuestras preocupaciones profesionales.

Un segundo punto se estaba oscureciendo en el horizonte, ya que ella se negaba a pasar sus vacaciones conmigo, yo ya no entendía la naturaleza de su relación con su ex-amigo, el padre de Jonathan, y estaba sinceramente aprensivo por el hecho de que ella había decidido quedarse en Martinica en lugar de acompañarme.

Estos oscuros pensamientos tuvieron que ser relegados al olvido, ya que quería aprovechar al máximo mi regreso a Nueva York, planeando hacer algunas visitas a todos los amigos que me habían apoyado durante mis años de miseria.

Quería dar una gran bienvenida a mi madre y mi tía cuando llegaran para pasar dos semanas aquí, haciendo el primer y quizás último viaje de sus vidas. Mamá Margarita nunca había salido de su isla y me imaginé su sorpresa, su maravilla, su emoción de abrazarme, de descubrir mi nuevo mundo, porque desde la muerte de mi padre, no había vuelto a ver a mis seres queridos.

Justin se regocijó, habló sin parar, me hizo mil preguntas sobre Francia, sobre "Parisiennes", sobre mis proyectos, mis éxitos académicos. Estaba emocionado por tanta felicidad, y me contó los pasos que había dado para obtener un visado de turista para nuestras respectivas madres, le agradecí sinceramente. No he sido de mucha ayuda en este asunto, ya que él lo había arreglado todo de antemano.

Fuimos a su nuevo apartamento, su negocio había florecido, vivía en un loft de lujo, y yo estaba feliz de haber anticipado el alquiler del apartamento donde me quedaría con mi madre, ya que mi primo ya no vivía solo.

Fui recibido por Belinda, que oficialmente compartía la vida de Justin desde que se convirtió en su propio jefe. Belinda, a la que llamé inmediatamente "prima", había sido su secretaria y acababa de dejar su trabajo para dedicarse a la vida de casada y como ama de casa de hecho vi su vientre que empezaba a redondearse y me confirmaron que esperaban un feliz acontecimiento para finales de año.

- "¡Estarás aquí a tiempo para ser el padrino! »
- Pero aún no tenemos madrina, estábamos esperando que nos trajeras un hada madrina", añade Belinda.

Ante esta evocación, perdí el equilibrio y me senté frente a una copa de buen vino, esperando la cena, conté a través del menú mis amores y esperanzas, mis decepciones y expectativas, hablé durante horas de Marie-Reine y Jonathan, de nuestros momentos intensos, de nuestros paseos, de nuestros fines de semana en el campo o en Bretaña, describiéndoles nuestra estancia en Niza y un fin de semana lleno de emociones culturales, en Florencia. Justin y Belinda estuvieron de acuerdo, comentaron y concluyeron que todo debería funcionar porque las cosas habían ido muy rápido, lo que para ellos era una señal del destino a mi favor.

Me sentía muy bien en este círculo familiar y Justin me sugirió que no me quedara con una amargura perjudicial y que llamara a mi prometida al día siguiente, asegurándome que probablemente lo había pensado y que desde Martinica, una escapadita a Nueva York, aunque sólo fuera por unos días que pasaríamos juntos como amantes, podría ser beneficioso para nosotros.

Por el momento, necesitaba un poco de descanso, era tarde, y al día siguiente tenía que ir a mi nueva dirección que no estaba lejos de su casa e invertir mi alojamiento. Belinda ya había ido a limpiar el apartamento y a preparar mi cama, me dijo que había puesto algunas provisiones allí para empezar y que me gustaría porque era una casa bonita, recién pintada, con vistas a un parque y un barrio muy tranquilo. Estaba desbordante de gratitud por el hecho de que mi familia me cuidara tanto y acepté su hospitalidad hasta la mañana siguiente. La electricidad y el teléfono ya instalados me facilitarían la instalación.

La emoción que sentí cuando vi a mi madre bajando del avión, con una gran bolsa de colores en el brazo, vestida con un bonito vestido azul, adornada con el retorcido collar de oro que mi padre le había regalado por su cumpleaños, muchos años antes, cuando por fin había podido mimar a su esposa, la madre de sus hijos, por uno de los raros premios que recibió, esta emoción no pudo ser contenida por mucho tiempo, las lágrimas de Margarita se mezclaron con las mías, la abracé fuertemente en mis brazos que debían ser al mismo tiempo tiernos, tranquilizadores y protectores.

Justin también, en los brazos de su vieja madre, porque mi tía era mucho mayor que mi madre, se había quedado muda y trataba de ocultar sus lágrimas.

Hacer que nuestras respectivas madres descubrieran la "Grosse Pomme" no fue tarea fácil, levantaron la cabeza hacia los rascacielos, tratando de contar los pisos, rompiéndose el cuello, haciendo preguntas sobre todo, mirando la fauna urbana con el asombro de un niño ingenuo, y comentando entre ellos todo lo que veían. A veces frenéticos por el tráfico de coches apresurados, deseosos de llenar sus ojos con el espectáculo de escaparates tentadores y ricamente amueblados, estaban extasiados por todo; veían a la policía montada como un viejo conocido, un anacronismo en este universo futurista y delirante, pero más cercano a la vida tal como la podían concebir. Los caballos recordaron el campo de su infancia y comenzaron a envainar recuerdos, evocando para Justin y para mí personajes pintorescos, antepasados muertos, partes de la historia familiar de siglos pasados, perpetuada en la leyenda familiar, de la que poco o nada sabíamos.

Sin duda éramos demasiado jóvenes para recordar el nombre del tío abuelo de nuestras madres, Achille Destours, uno de los que había estado con Jean-Jacques Dessalines, Henri Christophe y Clairvaux, los jóvenes lugartenientes de Toussaint Louverture, comprometidos con la liberación de nuestro país, y uno de los héroes de la capitulación de los franceses en Vertières, a principios del siglo XIX.

Y por casualidad de sus cuentos, que contaban uno tras otro como griots inagotables, oí nombres como el de la familia Dumontel, de la que sabía que mi madre y mi tía también eran parientes, y en esta familia había muchas sacerdotisas vudú. También oí nombres que despertaban algunas imágenes lejanas de mi infancia, una anciana con el pelo recogido en un gorro de algodón blanco que venía de lejos a saludar a mis padres, Doña Félicité, sí era ella, entonces un día llegó con su hija adoptiva que le sustituía, Doña Calixte, y yo tenía una sonrisa en mi rostro al recordar el reflejo infantil que me había hecho ese día, Doña Félicité no tenía edad y tampoco Doña Calixte, sin embargo, antes de mi padre, se habían discutido muchos eventos distantes de ese período de intensa agitación del siglo XIX, como si estas mujeres hubieran estado viviendo durante más de cien años.

¿No estaban viviendo anacronismos en nuestra sociedad equivocada? Pero mi pensamiento de niño, más ocupado jugando afuera y comiendo los pasteles que mi madre hizo para la ocasión, no había ido más allá. Sé que Doña Félicité tenía una mirada que me hacía pensar en ojos de gato, amarillo verdoso y una nariz tupida, extraña para una mulata, una nariz puntiaguda como la de un pájaro, de un águila, impresión que se reforzó cuando me entregó un medallón de plata con sus largos dedos como garras, diciéndome que llevara esta protección siempre encima. Este medallón representaba por un lado a la Virgen de Guadalupe y por el otro a en la parte de atrás había extraños signos como la cábala, una oración, una fórmula mágica, qué sé yo. Su hija, Doña Calixte me había mirado durante mucho tiempo en las profundidades de las bayas de endrino y había puesto su mano derecha sobre mi cabeza como si fuera una bendición, luego había murmurado palabras a media voz, aprobadas por asentimientos de Doña Félicité. ¡Qué acertada fue esa memoria en el momento en que mi madre contó esas historias, mientras que unos minutos antes, yo habría sido incapaz de recordar nada al respecto!

De repente me di cuenta de que este medallón había estado conmigo toda mi vida, no lo llevaba alrededor del cuello, sino que había estado en un pequeño bolsillo de mi cartera durante años, y cada vez que había tenido que cambiar mi cartera, instintivamente lo había metido en el bolsillo reservado para las monedas pequeñas, como un amuleto o un amuleto, pero sin creer realmente en él, un poco como un recuerdo de la infancia o una joya familiar sin más valor que el emocional que uno guarda por costumbre.

Fui a buscarla y se la mostré a mi madre que me dijo: "Guarda bien esta medalla, hijo mío, es tu bendición y tu protección porque eres una persona demasiado vulnerable. Y los parientes lejanos que te dieron esto sabían que lo necesitarías en medio de tus peregrinaciones en el mundo y porque tu corazón es ingenuo y demasiado sincero, te arriesgas a morir de pasión, sin previsión y sin juicio cuando se trata de ser abusado por una mujer. Sí, mi grandioso, el amor es tu punto débil, ten cuidado. Mi querido poeta, ¿cuándo verá la realidad del mundo? »

# SUEÑO DE UNA NOCHE DE VERANO CERCA DE TI

El nombre de la mujer que juramos amar toda nuestra vida...
Esos momentos de pasión cuando el amor nos sonríe...
El tiempo de una tierna canción que nos hace temblar
Es un viaje al sol sin riesgo de lluvia.
Un aliento que late cada vez más fuerte,
Cuando estamos cara a cara...
No puedo hacerlo sin estar cerca de ti.

**(Lociano Benjamin)**

Me había instalado por unos días y la presencia de mi madre había acortado mi estancia, las horas pasaban volando en un torbellino de actividades, tomadas por visitas, reuniones, compras, me reapropié de mi viejo mundo pero con un estado de ánimo diferente del que había reinado durante mis últimos meses en Nueva York, antes de partir hacia Francia. Fui a cenar a casa de mi viejo amigo Mario y fui recibido como el hijo pródigo, sobre todo en compañía de mi madre. Tuve que contar decenas de veces mi vida en París, mi viaje relámpago a Italia, los amigos no se cansaban de oír hablar de la vieja Europa, con nostalgia para algunos, con envidia para otros.

Por consejo de Justin, finalmente me atreví a llamar a Marie-Reine a casa de su familia, pero nadie respondió. Había hecho dos intentos en vano y mi humor se había oscurecido, aunque no quería dejarlo ver.

Su memoria atormentaba mis días y mis noches y empecé a imaginar lo peor, ¿quizás ya no me quería?

Me vi obligado a entregarme a mi madre, que sospechaba algo y me hizo entender que seguía siendo mi confidente, mi amiga privilegiada aunque ya no fuera un niño pequeño. Escuchó con gran atención la historia de mi lamentable divorcio, cuyos detalles le había ocultado, para evitarle después de su luto, el fin de un amor traicionado, mi amargura, mi depresión e incluso mi deseo de acabar un día con mi vida para siempre. Vi lágrimas saliendo de sus pestañas pero no rompió su silencio y simplemente asintió con la cabeza para invitarme a continuar mi historia. Volví a la nueva oportunidad que me había dado la universidad de estudiar en París durante dos años.

Mamá Margarita lo aprobó y me tomó de la mano cuando le conté mi encuentro con María Reina, con su porte altivo, su refinada elegancia, su desbordante sensualidad. Sonrió y murmuró: "Ah, Benjie, sólo quiero tu felicidad, hij mío, pero siempre te pones en dificultades, eres demasiado impaciente y no tienes más discernimiento que el de la pasión. Deberías haber esperado a conocer mejor su situación antes de involucrarte en este tórrido asunto que te deja infeliz de corazón. »

Intenté explicarle a mi madre que ya había imaginado casarme con Marie-Reine, pero de repente me sentí abrumado por la inquietud, no tenía noticias de ella. ¿Era eso normal para alguien que pretendía amarte tanto? Las dudas sobre la relación con Franck, su ex, volvieron a torturarme sin piedad y decidí llamarla al día siguiente, incluso durante un día entero para saber dónde estábamos.

La noche ha sido muy calurosa, tengo sed pero una gran pereza me impide levantarme. Los rumores de la calle despierta salen por mi ventana medio abierta. Prefiero el aire exterior al aire confinado de las habitaciones con aire acondicionado. Mi madre debe estar todavía dormida, me alegro de que por fin pueda descansar después de tantos duros años de trabajo y de sufrimiento. Oigo un coche que se ralentiza, un portazo y aún así me levanto para ir a beber un gran vaso de agua helada, sin hacer demasiado ruido, y miro por la ventana para ver este taxi amarillo de Nueva York que gira al final de la avenida, sin saber aún si voy a leer o a hacer café o volver a la cama un poco más. Las seis en punto suenan en la iglesia bautista local donde los fieles deben asistir al primer servicio. Un hermoso domingo llevará a las familias al parque o a lugares más frescos de los alrededores. Un golpe, dos golpes tan discretos a la puerta. ¿Quién está ahí? Justin, ¿tan temprano en la mañana? No puedo creer que sea tan temprano.

Sólo un ligero rasguño más, estoy descalzo, el azulejo fresco se siente bien. Tiré suavemente de la cerradura para abrirla, no tuve tiempo de darme cuenta de nada.
¿Cómo es allí? ¿Cómo se ataron sus brazos alrededor de mi cuello y su boca está buscando el mío? ¿Cómo nos encontramos abrazándonos, aferrándonos unos a otros como náufragos?

No puedo articular un sonido, y la levanto y la llevo hacia mi habitación, apretándola para sofocarla, como si fuera a escapar. Cierro la puerta y le hago una señal para que no vuelva a hablar. Quiero mirarla con mis ojos, acaricio la sedosa tela de su ajustado vestido amarillo y desato sus zapatos negros con devoción. "Cállate, mi amor, mi sueño despierto, todavía quiero quedarme en el mundo de los sueños para que no te escapes. Le hablo al oído y le susurro palabras locas, y ella me responde con una sonrisa.
Es mejor disfrutar de este momento extremo de emoción en silencio, y la pongo suavemente sobre mis sábanas arrugadas.

Los minutos, tal vez las horas que siguen son una perfecta comunión de nuestros cuerpos febriles, nuestros besos son impacientes. A veces intento decirle que mi madre duerme al lado, que tampoco espera esta visita. Tenemos que ser amables con ella. Pero me sumerjo de nuevo en este abismo de felicidad que ella ha abierto ante mí.

Emergeremos mucho después en el sol dorado que deslumbra nuestros ojos asombrados.

Lentamente recupero la conciencia, Marie-Reine está dormida en mis brazos. Un olor a café viene a excitar mis fosas nasales y me levanto suavemente, preocupado como un adolescente en falta, preguntándome si mi madre me está esperando. Salgo de mi habitación a paso de lobo y la suave voz de la madre Margarita me llega desde la cocina:

- Nada como un buen desayuno, vamos hijo, debes tener hambre.

Y continúa: "Puse el bolso de la señora en el armario y su neceser en el baño para que encuentre sus cosas. ¡Una bolsa de cocodrilo muy bonita, creo! » Estoy avergonzado, pero mi madre me muestra su mejilla con olor a violeta como siempre, para saludarme.

"Cállate y come, no necesito una explicación. »

# FUERTE CREENCIA

Estábamos sentados en la terraza de un pub de moda. Miré con deleite a las dos jóvenes que conversaban como viejas amigas delante de mí; Belinda, mi prima, cuya barriga aún se movía, y mi bella Reina, con la que se reía. Habían estado comprando para el bebé, Justin estaba disfrutando de su cerveza e intercambiando miradas de complicidad conmigo. Nuestras madres también habían estado comprando para su regreso, eligiendo regalos de todo tipo para la familia y los seres queridos. La única sombra en la imagen era la próxima partida de mi madre, ya que de repente me pregunté con angustia cuándo la volvería a ver. La relación entre Marie-Reine y Marguerite era cálida en la superficie, pero una especie de intuición comenzaba a roer mi corazón, Marie-Reine no se vinculaba realmente con mi madre, mientras que para mí, estas dos mujeres representaban toda la fuerza de sentimiento de la que yo era capaz. Tenía la impresión de que mi madre la estudiaba, la medía, sin darle una confianza absoluta. Tampoco hice ninguna pregunta, me sacó cualquier duda de mi mente, negándome a hacerme infeliz. Sin embargo, noté que Marie-Reine era muy generosa con todos, las cosas no tenían precio para ella, y no traté de averiguar de dónde sacaba tanto dinero, gastando generosamente en las tiendas de la Quinta Avenida, que me parecía que estaban fuera del alcance de nuestros bolsos.

Luego llegó el día en que me dijo que tenía que irse a casa, las dos semanas que habíamos pasado acababan de empezar, en mi opinión. No sabía si debía adelantar mi regreso a París también, o si debía quedarme otro mes como había planeado; ¡no volvería hasta octubre!

- "Dime, cariño, ¿qué quieres que haga?" Pregunté en vano.

111

Parecía indecisa.

-   Tengo muchas cosas que resolver e incluso pensando en mudarme, podrías aburrirte si volvieras a casa enseguida. Disfruta de tu familia de nuevo, ¡estoy muy feliz de haber conocido esta ciudad gracias a ti!
-   Pero puedo ayudarte allí, especialmente si te mudas. ¿Encontraste algo? Sabes que me gustaría que viviéramos juntos, podemos buscar un lugar más grande para que Jonathan y nosotros compartamos. Sólo tengo que informar al Sr. y la Sra. Deaunier de mi decisión y podrán tener mi estudio.

Ese día no pude seguir, porque me lo anunció en voz alta, hinchándose el pelo delante del espejo con esa mirada sexy que tanto me gustaba: "Querido mío, no tendré a Jonathan este año, he decidido dejarlo un año con su padre porque no me resulta fácil, tiene a sus abuelos que quieren verlo crecer y su padre acaba de abrir una agencia de turismo para visitar el mundo submarino, le va muy bien desde hace tiempo, gana bastante dinero, le enviaré una pequeña pensión para mi hijo y lo veré en las vacaciones, estamos de acuerdo ahora. »

Todas estas noticias me llegaban como golpes de martillo con fuerza. ¿Qué derecho tenía yo a protestar, a dar aviso, a imponerme?

Mi madre se había retirado tranquilamente a su habitación. Estábamos en la víspera de su partida y estaba terminando de hacer las maletas, fingiendo una alegría que no sentía. Comprendí su tristeza y traté de tranquilizarla lo mejor que pude.

-   No te preocupes, mi pequeña madre, ya ves que estoy siguiendo el camino que he elegido, amo París y me va bien en mis estudios, volveré a América preparada para tomar un trabajo que me espera, y he encontrado la felicidad. »

Mama Daisy, había sacudido su cabeza enigmáticamente hacia mí:

-   "Hijo mío, hijo mío, ¡qué destino tienes! ¿Qué puedo hacer? »

Todo el mundo lloraba y nos recomendábamos mutuamente que abrazáramos tal o cual cosa, que cuidáramos de su salud, que escribiéramos, que llamáramos por teléfono. Mamá Margarita intentaba cambiar las cosas y me dijo que París era un sueño inalcanzable para muchos de mis compatriotas y que tenía suerte de poder volver allí. Pero sentí tanto no dicho cuando sus ojos se posaron en Marie-Reine que nos acompañaba al aeropuerto Kennedy, que no me sentí muy cómodo. Luego, brazo a brazo, las dos primas caminaron, entre risas y lágrimas, hacia la terminal de donde saldría su avión a Puerto Príncipe.

Con una profunda tristeza en mi corazón, vi la majestuosa salida y el orgulloso puerto, la silueta de mi madre, subir rápidamente por la escalera mecánica hasta la pista de despegue. Se dio la vuelta por última vez y noté la enigmática mirada que le echó a Marie-Reine, un poco lejos de nosotros. Estaba convencido de que mi madre tenía una profunda convicción sobre nuestro futuro común, pero no me atreví a admitir que en mi opinión estaba lejos del optimismo.

# REVELACIÓN FATAL

"Seguimos esperando la luz pero aquí hay oscuridad; la luz pero hemos caminado en una oscuridad sin fin. Seguimos buscando a tientas en la pared como los ciegos y seguimos buscando a tientas como los que no tienen ojos. Hemos tropezado en el medio día como en el crepúsculo de la tarde. Entre los hombres vigorosos somos como hombres muertos." (Isaías 59:9,10)

Ya me sentía como muerto después de haber caminado durante tanto tiempo en un mundo de oscuridad interminable, y después de mi entrevista con Mamoune, todavía dudaba en abrir los ojos, sintiéndome atrapado en la oscuridad de esta pasión devoradora.

Marie-Reine había regresado para pasar una semana en París por razones profesionales, y había tenido la gracia de avisarme por teléfono cuando la había llamado; había tenido que irse de nuevo y planeaba regresar por unos días alrededor del día de la Toussaint. Me pidió que la disculpara, había tenido mucho que hacer, me aseguró que me echaba de menos en un tono inequívoco en cuanto a sus intenciones, y me sugirió que me liberara de cualquier obligación para que pudiéramos pasar unos días maravillosos juntos como amantes.

Era demasiado para mí, pero en el fondo de mi corazón la anhelaba, y me prometí a mí mismo que por mucho que nos divirtiéramos juntos, le pediría que mirara seriamente nuestra relación.

Así que la esperé, en ese pequeño café de Montmartre, que había frecuentado más asiduamente antes de conocerla, con tres semanas tarde para mi cita. Los jefes eran amigables y discretos. Intentaba centrar mi atención en los folletos que había recibido de una universidad británica en la que pensaba quedarme tres meses para aprender sobre la diplomacia, porque en mi interior, esa era mi verdadera ambición, convertirme en diplomático. Había obtenido la acreditación y una beca adicional, dado el coste del alojamiento de los estudiantes, y pensaba marcharme en la primavera después del segundo grupo de pruebas.

Empezaba a convencerme de que necesitaba escapar de París por un tiempo, de los recuerdos que me perseguían, para poner cierta distancia entre un amor cuya amargura tenía un efecto desastroso en mí. Ya no me atreví a creer que este momento de reencuentro sería saludable para mí.

El tiempo pasó muy rápido y demasiado lento para mi gusto, cuando, como un relámpago, el rostro de María se me impuso.

Un olor a café y chocolate flotaba en el aire; un florista había montado un puesto en la acera de enfrente y las macetas de crisantemos con los colores del otoño me recordaban a mi padre, cuya tumba estaría bien florecida y limpiada y encalada en este período de recuerdo por nuestros muertos. Pienso en su alta silueta en sus pantalones blancos de coutil, en su dulce sonrisa, en las fabulosas historias que nos hicieron soñar cuando nos contó sus aventuras juveniles en Cuba. Miro a través de la ventana ligeramente nebulosa.

Padre, ¿ves a tu hijo desde allí arriba? ¿También sientes su angustia e inquietud? No nos trajiste para verme así, papá. No quiero nada más que ser digno de ti, aunque no sea digno de ti...

No veré en tus ojos el orgullo que me hizo tan feliz.
¿Qué dirías, papá, si estuvieras aquí... Intento recordar tu voz baja y profunda, tus gestos lentos cuando encendiste tu pipa, sentado en la terraza, disfrutando de la frescura del aire.
¡Qué melancólica me haces sentir!

¿Quién es? ¿Quién es? Me han puesto dos manos frías en los ojos, sin que vea a nadie venir. ¡Sólo puede ser ella!

Puse mis manos sobre las suyas, deslizando sus dedos sobre mis labios, antes de darme la vuelta.

Radiante, se lanza a mi cuello. El reencuentro entre nosotros es siempre un minuto fabuloso que, por desgracia, perturba mis sentidos y mi comprensión, sin duda.

Lleva un magnífico abrigo de lana negra, botas de cuero suave que le llegan hasta las rodillas, apenas cubiertas por una falda negra también, bastante corta; su cara emerge de un cuello de tortuga rojo, y se ha cortado el pelo a la altura de los hombros.

Sondeo sus ojos borrosos, su boca codiciosa, la quiero, pero como un hombre desesperado que desea lo que no puede alcanzar.
Ahora, con una mente más aguda y crítica, me doy cuenta de su ropa cara, siento su perfume flotando, es una nueva fragancia más bien ámbar por la que no la conocía.

-   Mi amor, finalmente, te extrañé mucho.

Se sienta delante de mí, después de quitarse el abrigo, y se riza el pelo con un gesto despreocupado. En su muñeca brilla un pesado brazalete de oro que tampoco reconozco.

Una vez más me cruzan mil pensamientos contrarios. ¿Cómo puedo creerla? ¿Por qué no creerle?

"El poder del amor
Cuya amistad surge
Como un monstruo sin cuerpo...
Tristeza, hermoso rostro. »

Cuento tópicos, hablo del tiempo pegajoso, de mi proyecto en Nottingham, ella inclina la cabeza, su mirada traviesa cae sobre mí, pero a veces se aleja volando hacia el escenario anticuado.

Busca el contacto de mi mano en la mesa, no sé, una vez más, dónde estamos.

- ¿Adónde vamos?", susurra con avidez. Antes de la cena, me gustaría hacerte unas dulzuras...

Estoy tratando de hacer una locura:

- Tu casa, ¿verdad?

Su mirada se aleja, se confunde un poco.

- No, no puedo ir allí, no me queda casi nada, no se ha calentado desde que me fui, me cortaron la electricidad.

¿Debería actuar sorprendido? ¿Debería empujarla a mentir más? Ni siquiera tengo ganas, un remanente de amor lo prohíbe, ni siquiera quiero hacerle daño.

- Ven, conozco un pequeño hotel no muy lejos de aquí. Ya veremos después.

La habitación se extiende con un retrete de Jouy ligeramente descolorido, la pequeña ventana se abre a un patio donde dos arbustos en maceta han visto mejores días.

Aterrizaje a la izquierda, habitación 24, el ascensor está averiado. El recepcionista, inclinado sobre su periódico, apenas nos miró. ¿Es para una noche? Balbuceé que le avisaríamos, la seguí por las escaleras, apenas abrí la puerta cuando se apoyó en mí para un lánguido beso. Estoy perdiendo la cabeza. La abracé y, como en Nueva York, una avalancha de pasión nos arrojó sobre la cama.

Ella se deja desnudar, yo pretendo descubrir su hermoso brazalete:

- ¡Oh, qué hermosa joya! Nunca lo había visto antes.
- Lo compré en Italia...
- Ah, ¿fuiste a Italia? No lo sabía.
- Pero no es importante, vamos.

Insisto mucho.

- ¡Debe ser bastante caro! Me habría ido a Italia contigo, si me lo hubieras pedido.
- Querido, ¿qué te pasa? ¡Tenemos otras cosas que hacer! ¿Vas a culparme por huir de los confines de mi laboratorio?
- ¿Me quieres?

No pude contener la pregunta fatal.

- Puedes ver que estoy aquí. Me encanta hacer el amor contigo.
- Lo sé, pero te pregunto si realmente me amas, no hablo de sexo, ya sabes cómo me siento.
- ¡Cállate, me estás distrayendo, pensé que estaba pasando un buen rato contigo y lo estás arruinando!

El estupor debe leerse en mi cara y siento como una herida abierta en mi interior.

- Vamos, Benjie, vamos, por favor, deja de torturarte, por favor.

Ella se hace acariciable, deseable, perra, felina, me arrastra a su espiral devastadora, y no puedo resistirlo.

La noche parece muy corta, pero me las arreglo para mantener mi calma y mis preguntas para mí mismo. Aprovecho el momento presente, mareado, posponiendo como siempre las explicaciones tormentosas para más tarde. Se entrega sin reservas, abordando sólo las trivialidades cuando intentamos iniciar una conversación. Se queda conmigo toda la noche, apenas podemos encontrar un pequeño descanso para tomar un bocado rápido en un pequeño café cercano.

Durante unas horas vuelvo a encontrar nuestra complicidad pasada, su risa loca, su voz profunda, sus caras codiciosas cuando me abraza. Caminamos unos minutos como en el pasado, mano a mano para volver al hotel porque la humedad es desagradable, y estamos mejor en nuestra pequeña habitación.

Le pregunto sobre Jonathan, detalles sobre su vida en Suiza, la duración de su estancia ("uno o dos meses más para tener éxito en su nuevo trabajo", afirma), sus relaciones allí ("colegas súper agradables", dice), sus aficiones ("buenos momentos", asegura) y finalmente sobre un posible encuentro amoroso, se ríe, incómoda ("la vida está tan llena de altibajos y tan corta", se defiende).

- ¡Siempre vuelvo a ti, ya ves!

Allí, comprendí, y aunque los celos y la desilusión me llevan el corazón en pinzas, encuentro la fuerza para esconder por esta vez mi dolor, y no ceder a la aniquilación. Actúo como si no hubiera oído nada, no capturo nada, y con un tono de voz decidido, le digo: "Tienes razón, no debemos darnos golpes en la cabeza, debemos vivir. Por cierto, ¿te dije que me iré de París alrededor de marzo?"

- Oh, bueno... (¿Nada más?) ¿A dónde vas?
- Puedo entrar en un curso de introducción a las ciencias políticas en Nottingham. Es un curso para extranjeros en la Escuela de Estudios Americanos y Canadienses del Colegio.
- Diablos, ¿ni siquiera estarás en Londres? ¡Me encanta ir de compras en Londres!
- Si quieres verme, puedes empujar hasta la universidad, ¡está a dos horas de la capital!
- ¡No es lo mismo!

Suspira, se muerde la uña suavemente, se estira como un coño cuando se despierta.

- Marie, tenemos que hablar seriamente, tú y yo, ya no va bien, explícamelo.
- No tengo nada que decir que no sepas ya, así es la vida, me gustas, me lo estoy pasando muy bien contigo, pero no quiero entrar en tu juego, no quiero pasar todos esos años, los que me sobran de mi juventud, contando, haciendo un presupuesto, siempre y cuando estés fuera de situación. Es a tu favor que te está gustando estudiar... pero, querido, estás lejos de empezar una carrera, y a mí me gusta el lujo y la despreocupación, lo siento. Hemos recorrido un largo camino juntos, pero no eres el tipo de hombre con el que quiero casarme... Ya te lo he dado a conocer, así que quiero vivir, beber champán, hacer el amor, comprar vestidos de diseño, joyas, viajar en primera clase. No puedo ganar suficiente dinero con mi salario... y tú no puedes pagarme con tus préstamos estudiantiles y tus cinco o seis mil dólares en ahorros. Lo siento, cariño, lo siento mucho. Querías que hablara, y lo hice. Prefiero ser honesta contigo, pero si quieres, podemos volver a vernos, aquí o allá. Me gusta mucho estar contigo, me estás impresionando, sabes.

Su cinismo hace que mi corazón se salte un latido, no quiero oír nada más. Así, Mamoune no mintió, me había advertido, y Josselin también tenía buenas intuiciones o información real de Léa sobre el verdadero temperamento de mi estrella que se apagó de repente.

# AL FINAL DEL VERANO

(...) Recuerdo otro año...
Era el amanecer de una tarde de abril...
Canté mi amada alegría
Amor cantado con voz masculina
La época del año del amor.

**(Guillaume Apollinaire, Alcohol)**

La llovizna que desdibujó el parque hizo que los árboles del jardín, que podía ver a través de la ventana empañada, parecieran estar llorando. Mi regreso a París me había sumido durante dos semanas en una gran melancolía. Michèle Deaunier, siempre cuidando de mí, estaba muy atenta y no sabía cómo hacerme sonreír de nuevo. Había reanudado mis clases y pasé la mayor parte del tiempo en los meandros de la novela moderna o los poetas simbolistas. Pasé mucho tiempo en mis conferencias y notas. El clima sombrío del otoño no era propicio para salir y no me apetecía pasar el rato en los bistrós con mis amigos que respetaban mi deseo de soledad. El profesor de literatura moderna era muy exigente, pero me gustaba su pasión por la escritura y quería obtener este módulo con excelentes notas.

Sin embargo, mi pesado corazón seguía profundamente enfermo de no ver el objeto de su llama de nuevo. De hecho, Marie-Reine me había anunciado por teléfono, aunque sólo la había visto una vez a mi llegada, que su laboratorio estaba uniendo fuerzas con un laboratorio suizo y que iba a viajar a Zurich y luego a Ginebra para trabajar allí y que estos viajes serían cada vez más frecuentes este año para ella y todos sus colegas. Se encontraba en Zurich desde hace más que ocho días, y no sabía cuándo volvería. Me sentí abandonado.

Josselin se había ido a Londres, donde su última pasión le atraía cada vez más a menudo, y Champ', el amigo de los buenos planes, también estaba en un viaje de descubrimiento en Alemania, visitando empresas porque se había vuelto a matricular en Economía.

¿Qué otra cosa podía hacer sino continuar con mis estudios?
Mi encuentro con mi prometida había sido muy breve, pero durante dos horas habíamos agotado nuestras fuerzas vitales en un tórrido abrazo.
Encontré su interior calvo y frío porque había empacado la mayoría de sus pertenencias, confesando que había vendido algunos de sus muebles, incluyendo los de la sala y el comedor. Sólo que su dormitorio y la cocina todavía se veían como los había dejado. No me atreví a entrar en la habitación de Jonathan para ver lo que quedaba, y la ausencia del niño al que me había apegado tanto me molestó.

Me dijo que deseaba mudarse y tomar un estudio o un apartamento de dos habitaciones, ya que su hijo estaba en Martinica, y que lo visitaría durante las vacaciones. Este anuncio me sorprendió, pero una vez más no me atreví a hacerle preguntas demasiado directas, respetando sus decisiones.

Sin embargo, las mismas ansiedades me perseguían. ¿Cuál era el punto? Por el momento, lo importante era conseguir el diploma que esperaba para establecer mi situación y ofrecerle algo concreto. ¿No podía casarse con un simple estudiante? Me di cuenta de que mis sentimientos me habían hecho perder el sentido de la realidad y quería sentir su amor un poco, para estar seguro que entre nosotros no había sólo esta pasión carnal detrás de la cual tal vez no había sentimientos duraderos.
Por mi parte, al menos, pensaba que la amaba locamenta, pero empezaba a dudar seriamente de ella, por eso estaba tan triste. Y París en la saciedad no me hizo soñar más.

Ese octubre me pareció interminable. Ráfagas de mal viento habían dejado calvos los parques de Maison-Laffitte y habían puesto los paraguas al revés.

Así que siempre llegué empapado hasta los huesos, a mi destino, ya fuera la universidad o mi casa. El metro estaba lleno de gente con más prisa que de costumbre, los impermeables y los sombreros te repugnaban en las piernas durante el viaje. Me esforzaba por esconder el maletín que contenía las conferencias y preferí pedir prestados los libros de la Biblioteca de la Universidad (U.B.) en lugar de quedarme allí como antes, trabajando en el lugar. No podía esperar a volver a mi estudio y atiborrarme de una taza de café en el calor de mi habitación, esperando que el teléfono sonara en caso de que mi Reina me llamara. Para empeorar las cosas, cogí un terrible resfriado que me mantuvo encerrado en casa durante tres días, donde absorbí con gratitud los tés de hierbas y los ponches que Michèle me preparó. "Por suerte, pensé, no pierdo clases importantes los viernes y tengo dos días después para recuperarme. "Si hubiera podido, me habría subido a un tren a Suiza o a un avión, pero no tenía fuerzas. Esperé.

No apareció hasta la semana siguiente con una postal que mostraba montañas cubiertas de nieve, así que me enteré de que había ido de excursión con sus colegas el fin de semana mientras esperaba su llamada. Consternado, el corazón herido, cogí un libro al azar, y me sumergí en la poesía que siempre ha curado mis heridas y aliviado mis penas.

Releí algunos versos de Apollinaire en la colección de Alcoholes.

## Marizibill

Conozco gente de todo tipo
No igualan sus destinos...
Indecisos como hojas muertas
Sus ojos son como un fuego mal extenguidos
Sus corazones se mueven como sus puertas
Las máscaras son silenciosas

Y la música está tan lejos
¿Cuándo volverás, Mary?

Mi querido hijo,

Sigo pensando en ese maravilloso viaje que me permitió realizar, fue una experiencia que iluminará mis recuerdos y que contaré a mis nietos. Puedes imaginar que toda la familia, amigos, vecinos, e incluso tus antiguos profesores esperaban con impaciencia que les contara sobre ti y América. La tía Agathe y yo nos hemos quedado despiertas varias veces para dar mil detalles una y otra vez. Todos estamos orgullosos de ti, de tu éxito, de lo que aún tienes que lograr con la gracia de Nuestro Señor. La tía Agathe también estaba encantada con el éxito de Justin y está deseando que nazca el bebé para intentar volver allí y pasar un tiempo con su nuera, de la que tanto disfrutó. Belinda es tan encantadora, tan linda.

Sin embargo, hijo mío, no regrese tan feliz que quisiera porque estoy preocupada por ti, me temo que todavía tienes que pasar por momentos de sufrimiento en el amor. Veo que no has cambiado, sigues siendo el joven apasionado que por desgracia es ciego e indefenso cuando se enamora. Supongo que ese es tu destino. Pero una madre no puede ver a sus hijos sufrir y rezo para que Dios te ayude a ver claramente en ti y en los demás
.

Vi a nuestro primo Calixte y le confié mis temores, ¿será capaz de ayudarte? Me dijo que no estás al final de tus penas, los espíritus la han visitado y también reza por ti.

Guarda bien el talismán que te dio cuando eras un niño, porque según ella, naciste bajo una mala estrella en lo que se refiere al amor y a las mujeres, aunque la vida siempre te sonreirá en lo que se refiere a tus estudios y al camino profesional que has elegido. También me aseguró que eventualmente encontrarías a tu alma gemela, pero después de un largo camino pavimentado con trampas, engaños y traiciones. Hijo mío, no sé si soy culpable de algo para que tu destino este tan marcado por el dolor, pero sigues con fe! En todo caso, Calixto me reveló que estabas constantemente bajo su protección sin saberlo. Continúa rezando y entregando tu futuro a la misericordia del Señor. No quiero denigrar a la joven que nos ha presentado, pero en mi opinión no es digna del amor que le tienes, aunque la atraes mucho físicamente, siento que eres su juguete. Tiene otras ambiciones y su manejo de los gastos me asusta. ¡Piénsalo bien, muchacho!

Tu mama te ama y te besa tiernamente.

Seguí releyendo la carta que acababa de recibir de Puerto Príncipe, y me quedé asombrado, mi madre nunca me había dicho tan claramente lo que pensaba de las chicas que había amado, dejándome libre para tomar mis propias decisiones, me advirtió sobre mi vulnerabilidad o mi ingenuidad como poeta soñador, pero sin criticar a la mujer que amaba o con la que me había casado.

Comprendí que la impresión que Marie-Reine le había causado debía ser desastrosa, e intenté recordar lo que le había disgustado. Por supuesto que había sido su descuido en las compras, sus caprichos, el hecho de que me había dejado sin noticias durante varios días y sobre todo la nebulosa que se cernía sobre su verdadera situación hacia su marido. Mi madre había medido todo esto por su amor por mí, pero ¿cómo podría culparla? Ella sólo quería mi felicidad y yo estaba listo para la espera, las concesiones y la confianza ciega.

¿Pero por cuánto tiempo más?
Quería tener una relación normal y me di cuenta de que no había nada normal en lo que estaba pasando. Las palabras que Josselin había pronunciado cuando me acompañó a Roissy, unos meses me subieron en la mente: "es una persona inestable en todo".
¿Quién podría iluminarme y ayudarme? Mis amigos no estaban disponibles por el momento. No quería preocupar a Michèle, que era mi segunda madre, con estas historias. ¿Con quién podría hablar? Normalmente mi único interlocutor era mi libro de poesía, pero hoy necesitaba respuestas concretas.

Paul Eluard había escrito un texto que me quedaba como un guante y me lo había aprendido de memoria:

A penas desfiguradas

Adiós tristeza
Hola tristeza
Estás inscrito en las líneas del techo

Estás escrito en los ojos que amo...
No eres exactamente la miseria
Porque los labios más pobres te denuncian
Con una sonrisa
Hola tristeza

Y lloré! lloré por mi cándida simplicidad, y luego me reí de mí mismo. La tristeza había sido mi destino durante demasiado tiempo, y también la incomprensión, la locura, la incertidumbre, el rencor, la indulgencia, la generosidad, la frustración. Sonreí porque decidí que de tomar el toro por los cuernos y reaccionar. Se me ocurrió que tenía que hablar con Mamoune, una vieja amiga de Marie-Reine, esa anciana de Martinica, cuyo acento criollo me encantaba, y con las que algunas veces hemos visitado. Me pareció una persona franca y bastante directa. Quería contactar con mi amada antes de su regreso, de inmediato, para darle una última oportunidad, tal vez para convencerme. Tenía varios números de teléfono en los hoteles donde se alojaba en Suiza, y esperaba que no estuviera en una reunión o en medio del trabajo, con su teléfono móvil apagado.

Tuvo que responder a mi llamada sin que yo tuviera que grabar un mensaje en un buzón de voz anónimo. Qué pena, qué pena para mí.
La melodía de su teléfono, una, dos, tres veces, al final de la cuarta, la suave voz de Marie-Reine explica que no está localizable y bla, bla, bla... Dejo una frase lacónica: "Nos vemos el sábado, entonces, en el pequeño bistrot de Montmartre donde habíamos comido con su hijo. Estaré allí alrededor de las cinco. Te mando un beso."

# EN EL FUNERAL DE LA PASIÓN

¿Cómo encontré la fuerza para no hundirme en la locura de la desesperación durante la semana que pasamos punteando las líneas? Trabajaba durante el día y la veía por la noche, a veces bastante tarde. Pasó la mayor parte del tiempo de compras, tomamos una copa en un café, pasamos un tiempo en el hotel, la llevé de vuelta al tren RER que tomó para ir a la casa de Mamoune donde se estaba quedando. Ni una sola vez sugerí que fuéramos a su apartamento. Acabo de tomarlo. Vino a esperarme una tarde, después de mis clases, en la Sorbona. Fuimos a dar un paseo por los Jardines de Luxemburgo, como solíamos hacer. Le tomé la mano, pero ya no intercambiamos besos lánguidos como antes, los que nos separaban del mundo y de la realidad, contentándonos con diálogos ligeros, sin forzar la intimidad del otro, con palabras de angustiosa banalidad, como viejos amantes cansados. No había sido capaz de resolverme a romper los puentes brutalmente, aún así mi debilidad y mi sensibilidad (me estaba fustigando internamente o todavía tenía esperanzas...). Ya no quería pensar en lo que me había infligido tan duramente. Me encontraba en un estado cercano a la amnesia, por no decir la anestesia total. Esperé a que se fuera sin sentir ni siquiera aprehensión, y mucho menos impaciencia, así como así, en una especie de fría indiferencia consensuada.

En el viejo, solitario y frío parque
Acaban de pasar dos siluetas.
Sus ojos están muertos y sus labios son suaves...
Y apenas puedes oír sus palabras.

En el solitario y frio viejo parque
Dos fantasmas han evocado el pasado.

**(Paul Verlaine, Colloque sentimental.)**

El pavimento de incomprensión que había caído sobre mí, me hizo enmudecer. Era indiferente a todo lo que no fuera una relación carnal.

Su partida fue casi un alivio. Demasiada incomprensión y dudas habían empañado mis sentimientos; sólo quería refugiarme en mi trabajo, en mis libros.

Y empecé a escribir febrilmente durante las largas tardes de invierno, me embriagué con la poesía, la dejé fluir de mí, poniéndome en forma en la página blanca, incansablemente, cristalizando mis penas y alegrías, mis incertidumbres y descubrimientos, mezclando en el mismo personaje a las mujeres que amaba y a las que aún podía amar, hasta constituir finalmente una colección que titulé "Las lágrimas de amor", y como en un sueño, propuse el manuscrito a la Pensée Universelle de París y, todavía incrédulo ante el éxito literario que no había imaginado tan fácilmente, vi con asombro, la obra, un día, salir de la imprenta y me sentí como impulsado hacia la embriaguez de las cumbres. La poesía me había salvado. Marie-Reine había sido el catalizador que me permitió realizar mi ambición. En sólo unos meses...

Viví estos momentos en una mezcla de excitación y entusiasmo. Mis amigos celebraron este primer éxito y Les Deaunier dio una cena en mi honor. Estaba abrumado por el trabajo, tenía que lograr todo lo que había imaginado, y aún enamorado del amor, ya no vivo en esta desventura que me había dejado sin sangre, sino en otra faceta del destino. No debía rendirme, ni detenerme en el camino. Me sentí, al contrario de lo que había experimentado durante mi desafortunada experiencia con mi esposa, combativo y decidido a encontrar un día en mi camino, a la mujer que me estaba esperando.

Con intensa alegría dejé París para ir a Inglaterra y me dediqué plenamente a este curso de introducción a la diplomacia. Mi futuro parecía por fin abrirse en un camino pavimentado de satisfacción y reconocimiento.

# EPÍLOGO

## Del amor

Cuando el amor te llama, síguelo...
Aunque sus caminos son escarpados y arduos.
Y cuando te envuelva con sus alas, cede el paso a él.
A pesar de que la espada escondida en sus pinos te hace daño...
Y cuando te hable, cree en él.
Aunque su voz destroce tus sueños como un devastador viento del norte...
(…)
El amor no es ni puede ser poseído...
Porque el amor es suficiente para el amor.

### (Khalil Gibran, de amor)

En efecto, había sido coronado y crucificado por el amor, herido por una espada invisible, pero me sentía crecido y quería alcanzar mi meta.

Fue en este segundo estado en el que disfrutaba del progreso de mis estudios, acumulando conocimientos, y en el que veía pasar el tiempo sin aburrimiento, verdaderamente confiado en días mejores.

Sin embargo, el mensaje que encontré ese día en mi contestador me preocupó mucho. Josselin me dijo: «Ven tan pronto como puedas, Marie te necesita» Tomé el primer Eurostar de la mañana del día siguiente, mi corazón estaba alerta, mis nervios estaban tensos y unas horas más tarde, me bajé de un taxi frente al apartamento de la mujer que seguía amando a pesar de todo.

Una inusual agitación reinaba frente a la casa, vi a Josselin conversando con dos hombres de traje gris que me intrigaron. Uno de ellos está sosteniendo su maletín como un estuche de escritura y garabateando en un pedazo de papel, sin ni siquiera escuchar a mi amigo, y de repente dejando el edificio, gente que no había notado hasta entonces, puso en la acera cajas de cartón, un sillón y pinturas que conozco bien, las pinturas haitianas que decoraron la sala de Marie-Reine.

Pasó casi desapercibido en este torbellino de palabras y gritos que percibo; en tonos agudos, reconozco la voz de Marie lanzando maldiciones y la veo salir del edificio. Finge agarrar a uno de los hombres imperturbables, desaliñado, furioso, grita de verdad, sin modestia ni moderación. Los vecinos aparecen detrás de sus cortinas o en los balcones. Estoy como petrificado, no sé qué está pasando. Finalmente me estoy acercando. Josselin, que me reconoció, se precipita hacia mí y gesticula. Apenas puedo entender lo que quiere decirme.

- Finalmente, aquí estás. Son los alguaciles. Tiene que salir de su casa. La están desalojando.

En la acera, los libros, el equipo de música, dos maletas de Louis-Vuitton, siguen hinchando el montón de cosas que inevitablemente han sido derribadas por dos tipos musculosos.

Marie-Reine también me ve y se precipita hacia mí.

- Benjie, por fin, cariño, haz algo.

No puedo apretar mis brazos alrededor de ella cuando se lanza sobre mi pecho. Me siento como si estuviera viendo una mala película. El clima es suave y aún así me siento helado. Los transeúntes se dan la vuelta y miran a este grupo angustiado y agitado que formamos. Percibo una risa en los labios de un joven que enciende un cigarrillo después de estar de pie frente a nosotros.

Entre sollozos, me dice que ha sido desalojada, que el resto de sus cosas han sido confiscadas en los últimos días y que no le queda nada más que esto. Señala sus escasas pertenencias esparcidas frente a la puerta. No siento ni lástima ni pena, sino una repentina vergüenza; me precipito en sus compras descuidadas, su imprudencia, contemplo con casi asco su equipaje de marca, su bolsa de Hermes que sujeta con fuerza contra ella.

Josselin, el amigo fiel, intenta agrupar maletas, cajas de cartón, objetos variados, una cesta de zapatos de cuero suave y colorido (traídos de Italia).

Odio este momento y me gustaría ir bajo tierra, hacerme invisible para los curiosos e indiscretos vecinos. Le entregamos firmemente un documento para que lo firme, al principio se niega.

Con una voz fría, le ordeno:

- Firme que hemos terminado.

Entonces le digo a Josselin que vaya y llame un taxi. Quiero salir de esta pesadilla lo antes posible.

Josselin me dice que tiene su coche, pero no todo cabe en el maletero.

- ¡Llama un taxi, te lo digo, por favor!

Intento mantener un tono normal, pero no me reconozco, tan frío, tan distante. Marie sigue tratando de agarrar la solapa de mi chaqueta, la aparto suavemente.

- Cálmate, de todas formas no puedes hacer nada en este momento. Vas a ir donde Mamoune.

Se limpia los ojos, se pone las gafas de sol de Christian Dior. Todo este lujo y vanidad me repugna. ¿Necesitaba todo eso? Era hermosa sin todos esos trucos y accesorios caros, ¿por qué arruinarla? ¡Una mujer vanidosa que quería vivir más allá de sus posibilidades! ¡Hizo un desastre! Tengo un pensamiento para Jonathan, y gracias al cielo el niño no debe sufrir todo esto, que está a salvo en la casa de su padre.

Los alguaciles le piden las llaves de su piso, y ella las saca de su bolso y se las tira a la cara, una reina que se envuelve en su falsa dignidad. Al final, sí, siento un poco de lástima por esta mujer a la que he idealizado y amado tanto. El taxi se detiene frente a la casa, y el equipaje se carga y se guarda lo mejor que se puede. Josselin tomó las pinturas y cajas y está esperando nuestras órdenes. También le doy la dirección de Mamoune y me apresuro hacia el coche donde Marie-Reine ya se está recuperando del lápiz labial. Tanta frivolidad me hace enojar:

- Por el amor de Dios, puedes explicármelo ahora.

Ella trata de correr contra mí, yo la alejo.

- Quiero saber cómo llegaste allí.
- Bueno, no podía pagar el alquiler, ¿qué te parece? También tuve que pagar el hotel en Suiza, y todo lo demás. Entonces lo dejé pasar, iba a ocuparme de ello, pero no tenía tiempo, estaba buscando otro apartamento, ¿sabes?

Su mala fe está haciendo que la adrenalina suba a través de mi cuerpo.

- Bueno, te dejaré donde Mamoune.
- Sí, pero no me queda nada. Me pediste que viviéramos juntos. Lo pensé... No quiero oír nada más.
- Eso fue antes, cambié de opinión, tengo demasiadas cosas que hacer y decidí volver a los Estados Unidos al final del año. Te di tu oportunidad, te di todo mi amor, se acabó, sufrí demasiado.

Ella solloza pero ya no dejaré enternecer. Sin duda todavía tengo un viejo sentimiento de apego a la que quise hacer mi esposa, pero la vergüenza y la decepción me hacen fuerte y lúcido; sólo me queda un deseo, dejarla, no verla más.

- ¿Tienes algo de dinero?
- Casi nada.

Saco mi chequera y le firmo un cheque de dos mil euros, para lo que venía. Era como comprar mi libertad, mi nueva vida sin ella, definitivamente por una miseria. La libertad no tiene precio.

- Adiós Marie-Reine, "tu amor me había coronado pero me crucificaste", te digo buena suerte. Besa a tu pequeño por mí. Que este mal momento te sirva de lección. Deberías aprender a vivir más modestamente y ser más responsable, más estable. Lástima para ti, lástima para mí, lástima para nosotros, pero ya no es posible, entiendes, adiós.

# PÁRRAFO

Puedo escribir los versos más tristes esta noche.
Pensar que no la tengo. Sentir que la he perdido.

Oir la noche inmensa, más inmensa sin ella.
Y el verso cae en el alma como al pasto el rocio.

Que importa que mi amor no podia guardarla.
La noche esta estrellada y ella no esta conmigo
.
Y mi alma es infeliz porque lo ha perdido.
(…)
Ya no la amo, eso es verdad. Pero, cuánto la amaba!

### (Pablo Neruda)

La fiesta estaba en pleno apogeo en Maison-Laffitte, mis anfitriones habían organizado una gran barbacoa en mi honor. El mes de julio fue el más caluroso, con el nuevo siglo, parecía que el clima se había alterado, y se hablaba de olas de calor por venir, de los peligros del calentamiento global. Y esta cálida noche iba a ser la coronación de todos mis éxitos, mi fiesta de despedida a todos mis amigos invitados para la ocasión. Josselin y Champs bromeaban y me llamaban «Maître» o « Senor "Embajador", con divertidas reverencias, el buen humor dominaba este simpático alboroto. ¿Sentí nostalgia de la idea de dejar Francia por un tiempo, París y sus luces, pero también sus trampas, su locura?

Entre dos copas de champán vivía los recuerdos que bailaban el sarabanda en mi mente nebulosa. Mis dos amigos y cómplices todavía tenían miradas preocupadas hacia mí de vez en cuando porque nunca había sido capaz de fingir; Josselin preguntó dos o tres veces:

- ¿Estás bien, Benjie?
- Sí, estoy bien, no te preocupes. Me voy, pero pronto me verás de nuevo aquí o allá. Amigos míos, les debo mucho.

Pensé que la rueda del destino había cambiado de rumbo otra vez, que acababa de vivir nuevas experiencias, pero me negué a dejarme llevar por cualquier pena. Seguía convencido de que se me abrían nuevas aventuras, y contaba con que el nuevo siglo encontraría por fin mi lugar, mi camino y mi estabilidad.

Un empleo me esperaba ya en Nueva Jersey, y me preguntaba si debía mudarme a otra parte de la ciudad, para no despertar a los viejos demonios que aún me asolaban. Pensaba en una pequeña ciudad, Roselle, que apreciaba por su calma, sus tiendas discretas, su encanto provinciano, y no muy lejos de Nueva York.

Como siempre, contaba con mi primo para prospectar antes de mi llegada y según él, encontraría una vivienda decente, accesible a mi beca, porque mis últimos ahorros estaban casi agotados y tendría que depender sólo del salario de mi profesor a partir de septiembre.

Había hecho contactos con otras escuelas y universidades y no tenía miedo de trabajar. La Universidad de Montclair me esperaba para una entrevista con el Decano del Departamento de Francés, sabía que mi currículum les convenía y que tuve una buena oportunidad de que me asignaran una o dos clases de lengua y literatura francesas.

Una de mis grandes alegrías había sido ver mi talento como poeta recompensado una vez más, había ganado el premio de poesía del Instituto Académico de París y me imaginaba como poeta y diplomático en el futuro.

Así que, ¿por qué pensar en un pasado doloroso que podría haber afectado a mi voluntad y a mi apetito por el estudio? Una vez más tuve que irme sin arrepentirme y sin mirar atrás, rico además de estas amistades inalienables que me habían apoyado tan bien en tiempos difíciles.

Y esta noche, todos ellos estaban allí conmigo, fui objeto de sus atenciones, de su cálida complicidad, tuve que salir con la cabeza bien alta, y lleno de gratitud por estas personas de tan diferentes orígenes que había escrito en mi corazón para siempre.

A mi favor, ahora tengo títulos de la Sorbona, un certificado de formación en la Universidad de Nottingham en Ciencias Diplomáticas, un premio de poesía y una colección de poemas, esas Lágrimas de Amor que me daba un mayor éxito literario y fama como poeta.

Por otra parte, volví amputado de una parte de mí mismo, abandonado a los tormentos de una desafortunada pasión, de la que sabía que a pesar de mis buenos propósitos, no olvidaría pronto la mordedura.
Sin embargo, en la fuerza de mi edad, me sentí como un tigre hambriento de novedad y reconocimiento en mi país.

Fue un inmenso placer dispensar mis conocimientos a adolescentes curiosos y enseñarles no sólo este lenguaje que tanto amo, sino también compartir con ellos mi gusto innato por las bellas letras, la historia de las palabras, los escritos de los filósofos franceses y el pensamiento racional, tan alejado de la expresión subjetiva y de la dimensión poética de los sentimientos, pero que por eso mismo constituía un conjunto admirable digno del mayor respeto. ¡Ah, para compartir con ellos mi gusto inmoderado por la poesía!

# SEÑORITA CITRONELA

Habían pasado meses de duro trabajo, barriendo las hojas muertas de rencor con el viento invernal, me encontré en mi entorno, rodeado de mis viejos amigos, mis primos, y sobre todo mis nuevos colegas. Pasé horas corrigiendo papeles, preparando mis conferencias e investigando para mi tesis planeada. Viviendo en un apartamento completamente renovado, no lejos de mi lugar de trabajo, invertí aún más de lo que podía hacer razonablemente en los cursos que daba a los estudiantes y a los alumnos de secundaria y en mi propia investigación. Los domingos, traté de ir a la iglesia local para participar en la oración común, para cantar especialmente con el coro, y para encontrarme con tanta gente sencilla y buena. Luego salí a dar un pequeño paseo mientras hacía algunas compras para mi sustento y regresé a casa para escuchar la radio, que estaba sintonizada constantemente en una emisora haitiana, mientras hacía mis cosas. De vez en cuando, iba a la casa de mi primo para compartir la comida del domingo con ellos y relajarme un poco.

Hacía rebotar en mi regazo a mi pequeña ahijada Serena, que me llevaba con ternura, tratando de no pensar en un niño que había amado como mi hijo o en los hijos que podría tener también. La soledad que había sido mi amarga compañera tantas veces no me hacía infeliz, porque tenía mucho que hacer y pensaba que las heridas de mi corazón sacrificado no se habían curado de todo. Incluso en el trabajo no me interesaban más las colegas femeninas que los demás. Había dado mi pésame a un doctor en letras de la Universidad de Niza, nativo de África, que tenía un contrato de dos años. Su esposa, que también era maestra, lo había seguido y ambos me querían mucho por la calidad de su conversación y los intercambios enriquecedores

137

que tuvimos. Comprendía su situación porque no se había permitido a sus hijos, dispersos entre Rwanda y Francia, seguirlos y esperaban con todas sus fuerzas poder reunir pronto a sus familias. Su cultura me estimuló y me empujó a profundizar en mi propio conocimiento.

Me parecía que el tiempo pasaba lentamente, sin problemas, haciendo de mi vida un camino laborioso y tranquilizador después de tanta confusión. Me invitaron para el día de acción de gracias a la casa tranquila y revitalizante de mi primo. Pensé que la pequeña Serena se parecía cada vez más a su madre, tan bonita, tan fresca, tan adorable y pensé que Justin finalmente había encontrado su puerto y su velocidad de crucero y eso me hizo feliz por él. No tenía que apurarme, ese día también llegaría para mí. De vez en cuando miraba con curiosidad este extraño talismán que siempre estaba en mi cartera y me preguntaba a qué me expondría o qué me protegería de ahora en adelante, porque me parecía que ya había pasado por mucho emocionalmente.

¿Estaba blindado contra los tormentos del amor? ¿Ya había sufrido bastante por culpa de las mujeres? Sabía que mi corazón de poeta se estaba recuperando, pero que permanecía para siempre como "el poeta con el corazón herido" al que la vida no había perdonado.

De vez en cuando todavía escribía poesía, pero sobre temas más variados sobre mi isla, o sobre África, la cuna de nuestras raíces.

Durante las vacaciones de Navidad, había dado un paseo por la ciudad iluminada de Nueva York. Las atracciones y falsos Santas que se fotografiaban frente a tiendas llenas de gente a veces me hacían sentir nostalgia por otras Navidades de mi vida, en otros lugares, bajo cielos más azules, o en el hermoso escenario de la Provenza, extrañaba a mis amigos de la época y llamaba de vez en cuando en Francia, Inglaterra, Puerto Príncipe, cambiando del inglés al francés o al criollo con tan dulce placer. "Feliz Navidad, Feliz Navidad", que la paz esté en el cielo y con los hombres de buena voluntad. Mi camino estaba claro, ya no temía el futuro incierto, mi trabajo me bastaba, y las pocas personas que conocí me devolvieron el afecto que les tenía.

¿Por qué se me ocurrió, después de meses de rutina confiada y beneficiosa, la idea de ir a la casa de mi antiguo jefe, al garaje, a saludar a viejos amigos? Un buen día de primavera, me encontré cara a cara con mi viejo Matt, que tenía un hermoso convertible italiano en reparación, siempre con una taza de café a mano. Exclamó:

- Benjie, ¿de dónde vienes?
- Matt, qué sorpresa, sólo pasé a saludar. Pero, ¿qué has estado haciendo? Nos abrazamos con calidez y emoción.

Y una cosa llevó a la otra mientras nos contábamos nuestras aventuras mutuas en los últimos tres años, porque no había visto a Matt desde mi divorcio y seguía siendo tan atractivo y misterioso para las mujeres como siempre, había cambiado de novia y se había convertido en el mujeriego soltero que siempre había conocido.

- ¡Te encontré de nuevo, hombre, y no te suelto más! Has pasado por mucho, pero ya ves todo se cura.

Su alegría era sincera, pero le expliqué que no salía mucho y que había estado viviendo un poco de misántropo desde mi regreso.

- Está bien, eso cambiará. Acabo de reservar dos entradas para una fiesta, iba a invitar a una joven brasileña que conocí la semana pasada, pero ella esperará, tienes que venir conmigo, ¡tienes que salir un poco!

Su entusiasmo era contagioso y acepté acompañarlo la semana siguiente al Baile de Citronella donde se celebraría la elección de la señorita.

- ¡Verás las bellezas que van a desfilar! Básicamente, es mejor que no lleve a mi chica brasileña allí porque tendremos muchas mujeres para admirar. ¿Y quién sabe? Tal vez tengamos suerte", añadió maliciosamente.

Se rió y pequeñas líneas de encanto se extendieron alrededor de sus ojos. No había cambiado, y considerando todo, podría aceptar una salida con un poco de organización, me sacaría de mi mente.

- Muy bien, entonces, me apunto y si podemos bailar, me quitará la mente de encima, ¡me parece que no he bailado durante siglos!

Así que intercambiamos datos de contacto y concertamos una cita para el sábado siguiente. Se suponía que Matt iba a recogerme en mi casa.

- Ten cuidado, para estar en el tono correcto, tienes que usar una camisa o corbata en tonos de verde a amarillo," me aconsejó.

El amor es un niño bohemio
Nunca ha conocido una ley
Si tú no me amas, yo te amo.
Y si te amo, ten cuidado...

Llegué a casa tarareando ese pasaje de la Carmen de Bizet que me obsesionaba, no sé por qué, porque nunca había tenido una afición particular por el bello canto o la opereta. Todo lo que sabía me lo había inculcado años atrás, cuando lavaba los platos en casa de Mario, Clara, una joven italiana que soñaba con ser cantante de ópera. Escuchaba de buena gana el repertorio de los cantantes de los años sesenta y setenta, que me parecía contener sentimiento en palabras simples y conmovedoras, amaba a Charles Aznavour, Jacques Brel, Claude François, Daniel Guichard, Jean Ferrat, Adamo, Christophe, me gustaban los cantantes americanos, Sinatra por ejemplo, Dean Martin y las canciones cubanas o latinas.

Sin embargo, un pequeño viento de locura se había metido en mi cabeza y me di cuenta de que estaba deseando salir, ir al baile, ver a gente diferente y mi curiosidad por estas señoras finalmente se despertó. Me alegré de volver a ver a mi viejo amigo Matt.

Deberíamos encontrar tiempo para comprar una nueva corbata. Este pensamiento me hizo feliz porque desde mi regreso de París (fue hace mucho tiempo, ¡pensé con un suspiro!) No había comprado nada nuevo, pensé que tenía suficientes trajes y ropa con lo que había traído en mis maletas. La mención de París y sus grandes almacenes me dio una pequeña punzada en el corazón, pero al volver a sentir el dolor, que había aniquilado hace tanto tiempo, intenté cambiar el curso de mis pensamientos y ahuyentar el fantasma de Marie-Reine, del que nunca más había oído hablar.

# CALENTAMIENTO

Había elegido cuidadosamente un traje verde lima y me lo puse sobre una camisa amarilla pálida, y finalmente había atado mi nueva corbata en las tonalidades apropiadas, verde oscuro y amarillo, un poco más intenso que el de la camisa. Me había perfumado con Eau Sauvage de Christian Dior, una fragancia que también difundió su halo de recuerdos enterrados que luchaban por resurgir. Pero iba a pasar una buena noche, a divertirme, a reírme con mi antiguo cómplice. Curiosamente, ya no pensaba en Ariane, y estaba agradecido a mi amigo por no mencionar su nombre durante nuestra última conversación. Después de una última mirada en el espejo, me encontré elegante y lista para recibir a mi amigo y aprovechar esta noche.

La sala ya estaba llena y resonaba con voces indistintas, la música estaba silenciada con un viejo blues que no cubría completamente el rumor. Matt también estaba muy elegante con su traje azul oscuro con una camisa verde almendra y una corbata a rayas verde y azul marino. Vagaba suavemente entre las mesas, buscando nuestros asientos, atrayendo ya la atención de las mujeres con vestidos largos o trajes ligeros de muselina. Podía verlos a todos en una cuadra, pero no podía ver a ninguno de ellos, en este alboroto, ocupado poniendo mis pasos en la estela de Matt.

-   ¡Ah, aquí estamos! Aparentemente estaremos en compañía porque es una mesa de seis", exclamó mi amigo.

Se rió y añadió: "Espero que no tengamos ningún viejo bastón de caramelo o jóvenes vírgenes asustadas sentadas a nuestro lado toda la noche. »

Me reí en mi turno y acepté la silla que me entregaba. "Quédese aquí, voy a conseguirnos un trago mientras esperamos. »

Pedí una copa de champán y esperé pacientemente su regreso, prestando finalmente atención a la gente que nos rodeaba. Poco a poco me di cuenta con placer de que muchas jóvenes, todas vestidas de verde y amarillo, maquilladas con cuidado profesional, encantadoras, se agrupaban y llevaban una insignia con un número en su ramillete.

Comprendí que éstas eran las potenciales señoras y comencé a medirlas por el rabillo del ojo, algunas parecían relajadas y se reían de corazón, otras más intimidadas o preocupadas se retocaban un rizo de su peinado hábilmente arreglado, se tiraban del vestido, alisaban la falda, otras se daban capacidad bebiendo cócteles de colores y miradas desde abajo a sus rivales. Algunos eran volubles y otros silenciosos, algunos jóvenes y viejos, algunos muy delgados y otros más carnosos. Los devoré con los ojos sin ocultar mi curiosidad y admiración.

Matt volvió con nuestras copas, todavía abriéndose camino entre la multitud, la música había cambiado imperceptiblemente y un sonido de boogie salvaje hizo que los invitados patearan sus pies y sacudieran las cabezas y los hombros de la gente que también empezaba a tomar sus asientos, solos o en pareja, o en grupo.

- Ya viste, hay algunos grandes, ¿no es así?
- Son todas sublimes. Gracias por al menos traerme aquí para la compañía y el espectáculo", le respondí a Matt, que sólo tenía ojos para una rubia escultural con un traje vaporoso.
- Veo que has elegido tu presa", me reí.

Luego hubo un anuncio en el micrófono y la gente se fue a sus mesas.

Se sentó al lado de Matt, casi al otro lado de mí, sentí como una puñalada en el corazón. Fingió no verme e hizo que otra joven se sentara a su lado. Entonces una señora mayor se sentó a mi lado, me empujé un poco y me levanté para presentarle una silla, que aceptó con una sonrisa forzada. Inmediatamente me di cuenta, a pesar de las diferencias de edad y altura, de un parecido familiar entre los tres. La segunda joven me miró inmediatamente con sus ojos descarados y sonrió con una sonrisa atractiva:

-   Buenas noches, caballeros.

Su mirada pasó de Matt a mí, probablemente preguntándose quién sería su cita de la noche. La otra apenas nos miraba, su cabeza ligeramente girada hacia la pista, saludaba a un hombre de unos treinta años que parecía estar buscándolas, y que se unió al grupo, extendiendo su mano para saludarnos.

-   ¡Mike Desroches!
-   Hola Mike, soy Matt y este es mi amigo Benjie. Matt estrechó su mano también y yo hice lo mismo.
-   Es un placer conocerte. Esta es mi madre Ada y mis hermanas, Luce (señaló a la más joven que me dio la mano demasiado tiempo) y Eva mi hermana mayor.

La madre y Eva me saludaron brevemente y comenzaron a hablar del espectáculo que nos esperaba y finalmente la elección de la señorita Citronella. Comprendí que las dos jóvenes eran candidatas, pero a mi cuerpo defensor, admirando en secreto, el perfil imperial de esta Eva, su cuerpo perfecto moldeado en una funda de satén amarillo, que resaltaba su tez canela, sus manos con largas uñas.

Sus brillantes ojos no eran ni verdes ni marrones, sino tachonados de reflejos dorados. Su hermana Luce, más grácil, más juguetona, era también una belleza encantadora y fresca, pero en su verde y amarillo frou-frous, parecía extinguirse junto a su vecino. Matt empezó una conversación con Mike y parecía que se llevaban bien.

Después de unas pocas palabras mundanas, la madre y la hija comenzaron a hablar en criollo haitiano y mi corazón comenzó a latir más rápido cuando finalmente vi una manera de llamar su atención hablándoles en nuestro idioma. El hielo se rompió, y Eva pareció relajarse un poco, sentí como si entrara en su campo de visión, ya que parecía ignorarme desde el principio.

Llevaba el número uno en su pecho generosamente decolorado y no dudé ni por un momento que ganaría el primer premio aunque el que había atraído a Matt al principio tenía todas las posibilidades de ganar porque era impresionantemente hermosa. Sabía que Matt sólo salía con mujeres excepcionales, pero en general, Eva tenía una personalidad extraordinaria y un carisma magnético. Era tan bella y hermosa, era perfecta, eso es todo, y para mí, eclipsó absolutamente a todas las concursantes. Tenía una voz melodiosa, ligeramente profunda, y una risa que hacía brillar los dientes perfectos, y sus ojos de gacela tenían una profundidad aterciopelada, como he dicho, brillando con un verde y un oro fluido.

Luce sin embargo multiplicó los avances y las sonrisas atractivas, parecía un joven leopardo a la caza, sus ojos muy claros también prometían pasión, y abría los labios apuntando con la punta de su lengua rosa cada vez que cruzaba los ojos, hasta el punto de avergonzarme a veces, su actitud era una llamada, un juego perpetuo de seducción, destinado quizás a mi amigo, quizás a mi mientras que Eva parecía segura de su enigmático poder sin siquiera parpadear.

El espectáculo era magnífico, la comida suculenta, y entre los espectáculos del podio, los comentaristas bailaban con elegancia y afectación para no dañar los bellos baños de sus jinetes o para deshacer el pelo lacado antes de que se exhibieran en el desfile de la señora, con todas sus galas.

Como hubiera apostado, Eva era sublime e imbatible, respondía con humor y mucho ingenio a las preguntas capciosas que le hacía un anfitrión vestido de amarillo canario con una sonrisa brillante:

- ¿Cuál es el hombre ideal para ti?
- El que no he seducido todavía.
- ¿Cómo ves tu futuro?
- En el traje de Eva con Adán.

Los espectadores aplaudieron y silbaron, tropezaron. Un evento siguió a otro, y Eva fue invitada a dar un paso de baile en la pista de baile. Le preguntaron el nombre de su compañero y para mi asombro, se acercó a mí y me tomó de la mano y dijo: "Es él. De repente me encontré bajo el fuego de cientos de miradas, intimidado y halagado al mismo tiempo, entrando en pánico ante la idea de parecer prestado o torpe, no sabía qué íbamos a bailar y me sentí aliviado al oír las primeras notas de un vals, que por suerte sabía bailar. Y fui atrapado, arrebatado, en medio de un público entusiasta, pudiendo finalmente sentirme cerca de ella y mover su cuerpo flexible y firme en mis brazos. La sorpresa me habría clavado al suelo si no hubiera tenido esta promesa de levantar y su lugar como señorita a defender, por intuición.

- ¿Cómo pudiste elegirme? Pensé que no te importaba, me siento halagado, pero tengo miedo de...
- Cállate," respondió en un suspiro. Concéntrese. Es como si no supieras nada sobre las mujeres.

Su repentino silencio y su tono de voz reprobador me hizo combativo y le respondí: "Así que aguanta, vamos a quemar la pista y vas a ganar".
Inclinando la cabeza hacia atrás, me dio una mirada desafiante. Y así me convertí en el jinete oficial de la noche del que no tuvo problemas para ganar el primer premio y la corona de la señorita citronella.

Sin embargo, su hermana menor, segunda finalista, había llevado a Matt a la pista también. Mi amigo había visto su sueño de una rubia escandinava desintegrarse ante sus ojos, porque el ganador de su velada, el primer subcampeón, resultó estar muy apegado a un hombre de cincuenta años, con anillos y cadenas de oro, fumando un gran Havana y oliendo a dinero y petulancia a kilómetros de distancia. Disgustado, Matt aparentemente había respondido a los obvios avances de Luce, y en mi opinión, terminarían la tarde juntos, al menos las pocas horas blancas que quedaban antes de la mañana.

Yo había guiado a Eva durante la noche, y al final del éxito, me alegré de ver su mirada triunfante mientras dejaba que sus ojos brillantes corrieran por la habitación donde las conversaciones trataban de dominar la música ensordecedora. Le faltaba modestia, pero su belleza, que estudié atentamente, nunca dejó de encantarme. La encontré perfecta y los votos del público confirmaron mi elección. Estaba orgulloso de haber contribuido a su coronación. En un momento dado tuve una fugaz impresión al mirar a mi amigo, tuve la impresión de que me envidiaba, y que Luce servía como una salida. Ahora me ignoraba de verdad, como si el hecho de haber sido suplantada por su hermana hubiera enfriado nuestra relación.

Tampoco podía llegar al fondo del pensamiento de la madre, que sólo tenía ojos para sus hijas, pero sobre todo para su hija major, que parecía venerar especialmente.

Comprendí, después de algunos pensamientos en los que cada miembro de la familia esperaba su opinión, que el verdadero jefe de la familia era Eva, pero no me importaba, lo único que se me ocurría era estar a solas con ella, romper ese casco magnético en el que estaba encerrada y que era una torre de marfil, un calabozo disuasorio que la situaba por encima de todos los demás.

Veas un mundo en un grano de arena
Y un paraíso en una flor silvestre.
Sostengas el infinito en la palma de su mano,
Y la eternidad en la hora presente.

**(William Blake)**

Estoy acabado, aquí estoy de nuevo en el nido de amor, un prisionero, una víctima dispuesta, mi corazón se acelera, la sangre late en mis sienes, un escalofrío recorre mi espina dorsal de vez en cuando sus ojos verde dorado caen sobre mí, como una mariposa indecisa. No quería, no quiero y estas palabras son sólo afirmaciones vacías porque cada fibra de mi cuerpo la quiere. Sus largas uñas doradas desgarran mi corazón, buscan en mi pecho, una flor silvestre con un perfume venenoso, no es el paraíso sino un infierno en el que quiero sumergirme con deleite. Quiero, quiero, quisiera vivir en su estela embalsamada, tener el infinito en la palma de mi mano porque ella es el vértigo de la inmensidad, la atracción del fruto prohibido, la eternidad del amor en este momento presente en el que no soy para ella más que una ganancia de arena en una inmensidad que me asusta. Ella gira en mis brazos al son de la música, demuestra ser tan experta en la danza como en la seducción. Estoy cautivado, me estremezco cada vez que tomo su mano para llevarla al torbellino del baile y cada vez que la llevo a su silla, tengo la impresión de que me arranca el corazón con su fingida indiferencia. Sin embargo, me alegra ver que rechaza a todos los jinetes que se atreven a acercarse a ella, excepto a Matt que se levantó antes de mí para una lánguida y lenta canción de Sinatra; tengo miedo entonces y por primera vez también, estoy celoso de mi amigo, está tan relajado y sólo tiene una mirada para lanzar para que las mujeres se desmayen ante él. Mientras está ondulando en la pista con Eva, creo que lo estoy poniendo celoso con Luce, pero este pensamiento es tan ridículo que me doy cuenta de mi error muy rápidamente. Luce, en cambio, se pega a mí y después de dos minutos, estoy convencido de su deseo y su clara invitación.

Sus dedos caminan sobre mi cuello, me acaricia la espalda y los hombros, y si no fuera por el miedo a causar un escándalo, la plantaría allí en la pista; me giro para tener siempre en mi ángulo de visión, entre las docenas de parejas que evolucionan en la pista, a Eva en los brazos de Matt. Y observo con una mala satisfacción que no se abandona más con él que conmigo y me siento aliviado al respecto; todavía tengo todas mis posibilidades. Soy consciente de que el amor se ha apoderado de mí otra vez y viene a burlarse de mí apretando la cadena que ya he usado tantas veces, bajo su cuello de hierro. Huelo el perfume embriagador que revela su presencia cerca de mí, me invita sin una palabra, con un simple asentimiento, a un nuevo baile, y debe sentir mi emoción pero actúa como si no entendiera, diosa inaccesible y soberana. Temo lo peor, pero me lanzo con todo mi cuerpo y todas mis fuerzas a esta espiral que me envuelve. Nada más existe a nuestro alrededor, no puedo ni siquiera mantener una conversación, todo se dice en mi silencio lleno de fervor y pasión, en mis brazos temblorosos, en mi respiración entrecortada, y ella tampoco dice nada, y me convierte en su juguete, su esclavo, su bien inalienable, su cosa. "Soy tuyo, princesa, soy tuyo, señora, soy tuyo, mi belleza, mi veneno, mi flor salvaje, mi belleza, tómame, soy tuyo. »

# SOBRE MI VIDA

Por mi vida, te juré un día...
De amarte por el resto de mi vida...

**(Charles Aznavour)**

Matt, que contra todas las expectativas me había traído a casa sola - quiero decir sin Luce -, no era hablador, y evadió la respuesta cuando le dije sobre la salida que habíamos planeado con la familia Desroches para el fin de semana siguiente:

-   No sé, tengo que cuidar a mi chica brasileña, me dijo, eso es algo seguro, y no siento a esas dos chicas, tampoco el hermano; parece un parásito en el gancho de la hermana mayor, como los otros.
-   ¿Eso crees?
-   Por supuesto, estuvo hablando conmigo mientras le hacías ojitos a la señorita, quiere tratar con los negocios pero sin alcance, habla mucho pero no hace nada. Y Luce es un animal sexual, a pesar de su aire joven, bien emancipado es cierto; no, no me interesan más que eso. Ten cuidado, amigo mío, no ves nada, como siempre, vas a ser vampirizado por esta familia y la bella Eva es una manipuladora, una bruja que te va a poner bajo su yugo, y tú, te conozco, vas a caer de cabeza.

Me enfriaron las declaraciones de mi amigo, pero mi razonamiento era borroso, no podía decidirme, racionalmente.

- Creo que caí bajo el hechizo, estoy enamorado.

Matt estalló en risa.

- ¡Como si no nos hubiéramos dado cuenta! No vas a cambiar. ¿No has tenido suficientes problemas con las mujeres? Haz como yo, las seduces, te das el gusto, ofreces un regalito, un fin de semana en el campo, y ciao, adiós, adiós, te vas a ver a otra parte. Mujeres, hay muchas y no son tan complicadas como tu Eva. Sólo quieren salir y divertirse también, hay pocos que sueñan a nuestra edad con un amor único y tradicional, con una vida centrada en un marido, hijos, un hogar.

Después de un momento de reflexión, añadió:

- Por cierto, ¿sabes que tu bella ya tiene una hija de 12 años?

Me quede sin palabras. Había bailado toda la noche con ella, y no sabía nada de la señorita citronella a quien ya había dedicado un amor que ya no tenía límites.

- Hablé con el hermano y la madre, y Luce también es habladora.

Usted, aparte de darle a la Srta. Eva hambre y miradas de pescado y papas fritas, no has aprendido nada, no has pedido nada. Pobre poeta inocente, le habría advertido; pero también le informo que esta señora tiene un estudio, una peluquería y un salón de belleza a dos cuadras de su casa; puede averiguarlo, y ambos son devoradores de hombres. Si tienes dinero o una posición social a la vista, podrías interesarle por un tiempo, por cierto, {menos que un milagro}....

Las palabras de mi amigo resonaron dolorosamente en mi cabeza y me hicieron desesperar.

Antes de cerrarme la puerta frente a mi apartamento, Matt dijo: "Confía en mí, ¡olvídalo! Si quieres, te llevaré a ver otras chicas más sencillas y bonitas la próxima vez, lo pasaremos bien. Vamos, duerme bien y olvida el hechizo que esta hada mala te ha puesto.

Me fui a casa, completamente confundido y profundamente triste, tratando bajo una ducha fria de aclarar mis pensamientos. Pero cuando puse mi camisa en la bolsa de la ropa y colgué mi traje en su percha para airearlo, un olor subió por mis fosas nasales, el perfume de Eva estaba allí, embriagador, como un hechizo para hacerme débil e invadir mi vida, mi apartamento y mis pensamientos. Ah, Estéee Lauder, pensé, ¡respirando profundamente! ¡Un perfume voluptuoso y mágico como ella! Es saber, creo.

Dormí muy mal esa noche, y esperé hasta la mañana siguiente para saber qué camino tomaría mi destino. ¿Iba a seguir esta historia, o iba a seguir el camino de la razón, como mi amigo había aconsejado? Me asaltaron pensamientos contradictorios, y llegué a creer que como Matt no había encontrado su zapato adecuado esa noche, estaba envidioso y abatido y trataba de salir de ello con la cabeza bien alta. Dudaba de mí para no admitir su propio fracaso. Sin embargo, sin ninguna reticencia por su parte, podría haber seducido a la joven Luce, que parecía un lobo hambriento en busca de carne humana y que no era muy tímida con los hombres. Pero Eva, Eva, la quería para mí. No me importaba que tuviera una hija de doce años. Yo amaba a los niños.

Y aunque debió experimentar la maternidad a los dieciséis o diecisiete años, me inclinaba más a compadecerme y servirla. Muchas chicas guapas son abusadas por seductores (estaba pensando en Matt y su inescrupulosa vida de Don Juan). Eva debió ser víctima de la vida y de los hombres, y me propuse demostrarle que se puede encontrar gente seria y responsable. Decidí llamarla esa misma noche y volver a verla, no como familia, sino sola, y decirle que la amaba. Esperaba con todo mi corazón que aceptara salir conmigo y llegar a conocerme y confiar en mí. El hecho de que pudiera mantenerse a sí misma y aparentemente a su familia, con su estudio, sólo la hizo más valiosa y merecedora a mis ojos, y culpé a su desconfianza normal, después de estar en su situación, por la indiferencia y la frialdad que había mostrado en sus relaciones con los hombres, durante esa tarde que marcaría un nuevo punto de inflexión en mi vida.

El día pasó, estaba febril, indeciso sobre cómo acercarme a Eva por teléfono, inseguro de mí mismo. ¿Y si me colgara? Entonces iría al día siguiente a su estudio, había dos en la calle principal, cerca de mi casa, y la encontraría fácilmente; ¿Y si, siendo normalmente inconsciente de este detalle, sólo me presentara como cliente, para cortarme el pelo? ¿Podría jugar a la sorpresa, a la coincidencia, para no asustarla? Después de muchos escenarios de encuentro (¿y si la esperara delante de la puerta de su instituto con una rosa? ¿Y si la sorprendiera en su camino a casa?), todavía estaba en la incertidumbre y decidí ir a mirar alrededor en coche, rápidamente, sin saber cómo hacer que el encuentro pareciera fortuito y no premeditado.

Cuando el destino ha decidido, no puedes cambiar nada. Un pequeño perro blanco con el pecho manchado de negro irrumpió repentinamente bajo las ruedas de mi coche mientras me distraía al pasar por el lugar de trabajo donde pensaba que me acercaría a Eva al día siguiente, mis ojos se fijaron en el suelo del edificio que mostraba el Estudio EVA en letras negras góticas. Frené de golpe, los ladridos me hicieron dudar de lo peor. La gente se daba la vuelta o venía a ver lo que estaba pasando, y de repente una furiosa Luce apareció de la esquina de la calle con las cejas fruncidas y literalmente se lanzó sobre mí: "¡Mira lo que estás haciendo, conductor! ». Entonces, reconociéndome:

- Benjie, ¿eres tú? Pero, ¿qué pasó? Atropellaste al perro del vecino, ¿qué haces por aquí?

Estaba apoyada en mí, casi indecentemente pegada a mí. Estaba aturdido, doblemente sorprendido y muy avergonzado. Le expliqué que vivía cerca y que había salido a dar un paseo.

No sabía qué decir, habría huido a toda prisa si hubiera podido. Resultó que el perro había estado más asustado que herido. Yo era el que se sentía mal.

Luce me tomó del brazo y dijo:

- "Aparque tu coche aquí, vivimos aquí, en esta casa en la esquina de
la avenida. Ven a tomar un trago, no te ves nada bien. Pero estoy
tan feliz de verte de nuevo, el azar hace que las cosas estén bien.

Ya no podía poner en orden mis pensamientos. Me dije en un momento
dado que había alcanzado mi objetivo, sin ningún otro tipo de demanda,
y sin establecer una reunión elaborada de antemano. Iba a ver a Eva de
nuevo, a entrar en su casa, y entonces vería lo que pasaría.

Desgraciadamente, me decepcioné al ver que Luce era la única persona que
me acogía en la casa, y su insistencia en servirme una copa, presionándose
contra mí, con el pretexto de consolarme, acariciando mi cabeza mientras
bebía un gran vaso de agua con gas, me enfadó. Traté de liberarme.

- Escucha, Luce, me gustaría ver a Eva. Háblame de ella. ¿Dónde
está, va a volver?
- Deja a Eva en paz, cariño, estoy aquí.

Luce entonces trató de besarme pegando su cuerpo contra el mío. Admito
que ella manejaba la cosa como una experta. Casi me di por vencido a
mí mismo, tanto que estaba confundido. Era delgada y moldeada en un
vestido blanco, muy corto que dejaba ver sus largos muslos mientras estaba
sentada en el sofá a mi lado, y su mano comenzó a explorar una parte
íntima de mi anatomía cuando la aparté brutalmente. Podría haber cedido
si no hubiera estado totalmente obsesionado con la cara de Eva, porque
era un hombre joven y ardiente, destetado del amor por muchos meses.
Rápidamente entendió mi emoción e intentó aprovecharse de la situación.
Pero como fue una reacción puramente física de mi parte, pude apelar a
mis sentimientos y la alejé sin ceremonias.

- Detente, no quiero ir más lejos. Me gustaría ver a tu hermana.
Debo hablar con ella.
- Eva, Eva, pero ¿qué pasa contigo y Eva? ¿No soy lo suficientemente
buena para ti? Pero pobre tonto, mi hermana te aplastará así. ¡Se
va a comer tu corazón!

¡No serás ni el primero ni el último! Te consumirá y te tirará como a un viejo Kleenex, ¡te aniquilará, idiota! Se aprovechará de ti, pero no eres lo suficientemente rico o bueno para ser el dueño. Ah sí, ella te sedujo con su aspecto de emperatriz, pero es sólo para reducirte a un mero agradecimiento. Sabe que te arrastrarás ante ella, ¡será bien hecho para ti! Entonces vendrás y te tirarás a mis pies para que pueda consolarte. Juro que va a ser así. Te equivocas al despreciarme, ¿quién te crees que eres?

Estaba loca de ira y sus ojos brillaban con furia. Empezó a llorar de repente, cambiando su tono:

-   No es justo, siento algo por ti. En cuanto te vi, sentí una gran atracción. Sólo quiero ser amada, casarme, vivir en pareja, tener hijos, y sólo tengo las migajas mohosas que Eva me deja. Harás como los demás; sufrirás y te darás cuenta demasiado tarde de que soy la más sincera.

Me levanté para irme, apenas me despedí, dejándola a sus llantos y lágrimas. Salí de la casa como un loco demente, sin saber cómo compensar la situación que se me había escapado, y volví a mi coche. El perro blanco se sentó delante del coche, lamiendo sus polvorientos lados. Al darme cuenta de que él era la causa de todas mis desgracias, le di una patada: "Vete, chucho. Se escapó, ladrando como lo había hecho antes, pero pude ver su mirada amarilla en sus ojos y no la sostuvo contra mí, y me sentí muy triste y enojado conmigo mismo porque no me gustaba ser violento con los animales. Inmediatamente me arrepentí de mis cambios de humor y salí corriendo a esconderme.

# EVA

- Eva, ¿quién demonios eres? ¿Sabes lo que eres?
¿Sabes cuál es tu propósito y tu deber aquí?
¿Sabes que para castigar al hombre, a su criatura..,
Por alcanzar el árbol del conocimiento,
Dios permitió que por encima de todo, el amor a sí mismo
En todo momento, en todas las edades, hizo su bien supremo,
¿Tormentados de amarse, atormentados de verse?

**(Gérard de Nerval, Los destinos)**

Muy perturbado por la escena que Luce me había infligido, pasé horas horribles, repitiendo sus palabras, releyendo este poema sólo porque el nombre de mi nueva estrella estaba escrito en él. Eva, la primera de todas, y la última (pensé). Nunca más podría amar tan intensamente. Mi corazón estaba desgastado por tantos amores marchitos y estaba echando sus últimas fuerzas en esta batalla. A pesar de la desventura que acababa de experimentar, a pesar del miedo que la hermana de Eva me inspiró a partir de ahora porque no sabía lo que era capaz de hacerme, no quería dejarlo ir. Tuve que enfrentar esta dificultad imprevista, hacer todo lo posible para seducir a Eva y amordazar a Luce. Tenía tanto miedo de cómo reaccionaría como una mujer despreciada. Si no hubiera estado enamorado de Eva, podría haber caído en su trampa, ¡habría estado cerca! ¿Y si Eva hubiera entrado en ese momento? No me atreví a imaginar lo que podría haber pasado.

Estuve tres días sin llamar, y cada momento me moría por marcar su número o ir a su lugar de trabajo. Estaba distraído dando conferencias, mis ojos se perdieron más allá del césped del campus donde se habían abierto las grandes ventanas. De hecho, el verano se acercaba y los días se habían alargado. En otras ocasiones, me habría refugiado en mi oficina o en la biblioteca de la universidad tan pronto como terminaran las clases, pero sólo me preocupaba la necesidad de cumplir con la que me consumía silenciosamente.

Todavía tenía que preparar los exámenes para los estudiantes, responder a sus ansiosas preguntas; lamentaba no dedicarles todo mi tiempo como antes, me escapaba de mis colegas y afeitaba las paredes como un criminal. El amor provoca reacciones tan incoherentes e irracionales, que sólo debería ser una fuente de alegría e inspiración para el poeta, la musa del pintor y el músico, y en mí generó sentimientos de culpa y angustia.

Es jueves, tengo que salir a comprar cartuchos de tinta y algunos suministros porque no queda nada en la casa. Voy a ir hacia el centro, y sé que mis pasos me llevarán inevitablemente a un pequeño edificio coronado por un letrero con letras góticas que dice "Estudio EVA". La sola idea de ver su nombre escrito en la fachada ya me preocupa. Veré a distancia si está encendida, podría tener la suerte de verla moverse detrás de su ventana o verla salir, cerrar su puerta, antes de venir hacia ella, mirando como si se sorprendiera de conocerla e invitarla a tomar una copa antes de que se vaya a casa. Espero con toda mi alma que esté sola. De todos modos, tendrás que llamarla antes del sábado porque no olvido que he invitado a toda la familia para ese día. Estoy enojado conmigo mismo porque no me imagino enfrentándome a Luce otra vez. Me siento culpable cuando no hice nada. Prefiero estar en presencia de Eva y mandar a todos los demás al infierno.

Camino lentamente por la acera, con los paquetes en la mano, para darme un gusto. Me paro en la esquina de la calle, viendo la luz que brilla a través de la ventana detrás de una persiana veneciana blanca a media altura. Una clienta sale del estudio, con aspecto de estar lista para salir, se puede ver que se acaba de hacer el pelo, la manicura y el maquillaje. Huele a laca y a cosméticos. Despreocupadamente, me acerco a la puerta del edificio, y allí

está ella, delante de mí, en jeans ajustados, un corpiño blanco le levanta
el pecho.

Tiene un manojo de llaves en la mano, camina hacia la "farmacia"
iluminada. Es la ocasión, porque acabo de salir y creo que olvidé algo en
mi lista de compras. Entro en la tienda después de ella y me encuentro
delante de ella en la sección de revistas. Cuando su brillante y asombrada
mirada se posa sobre mí, creo que me derrito en el acto. Parece que se toma
unos segundos para identificarme y luego sonríe deliciosamente.

-   ¡Vaya, mi compañero! ¿Qué estás haciendo aquí?

Me da su mejilla y la beso temblando. No más pretextos ni evasivas, le
respondo "te estaba esperando".

-   Pero, ella me responde, ¡no llamaste! Se suponía que debíamos
    confirmar una cita para el sábado.
-   Ya no estaba seguro, pero aquí estoy. Podemos ir a tomar una copa,
    no es demasiado tarde, aunque hayas trabajado todo el día.
-   ¡Sabes que cuando se trata de salir, siempre estoy dispuesta a
    hacerlo!

El hielo se ha roto, ahora tengo que jugar mis cartas y seducirla.

Y en el brazo de esta maravilla, así de simple, me encontré ante la página
en blanco de un nuevo capítulo de mi vida.

Se suponía que sólo íbamos a tomar un trago e intercambiar algunas
charlas, pero las horas pasaron como un suspiro, y nos fuimos a cenar,
después de haber avisado a su familia de que no iba a volver a casa. La miré
y vi que se sentía bien conmigo. Se reía, contaba anécdotas, me hablaba
de su hija como si la conociera de toda la vida y hablaba de la carga que
llevaba. Mantenía a la mayor parte de la familia, pero su negocio iba bien,
y al haber traído a esta familia de Haití unos años antes, sabía que su madre
sólo podía contar con ella, porque tanto Luce como Mike trabajaban de
forma irregular. El padre de su hija, con la que nunca se había casado,
le enviaba subsidios de vez en cuando y se llevaba a la adolescente de

vacaciones. Le encantaba cocinar, viajar, salir, bailar, pero mantenía su vida privada en secreto. Ella había perdido su frialdad inicial y el encanto funcionaba en mí.

La noche estaba muy avanzada cuando la llevé a su puerta, sin saber si debía besarla o no, pero no me dejó dudar mucho tiempo y acercándose a su boca pulposa, me dijo: "¡Hasta mañana! Recógeme en mi trabajo alrededor de las siete".

Tanta felicidad, tanta emoción. Me reconcilié con la existencia y bendije al dios del amor que nos había tocado con su gracia.

El camino a casa estaba sembrado de estrellas, la vida me sonrió de nuevo. Me regocijé y comencé a planear nuestra velada del día siguiente, que sería el preludio de una renovación, un giro decisivo en mi vida; tenía que tener cuidado de no ser demasiado impaciente, entendiendo que las iniciativas tenían que venir de él, pero no me importaba; ya estaba esclavizada a mi nueva maestra de corazones. Tenía carácter, pero bajo la capa impasible de su dureza, comprendí que era una mujer llena de recursos, voluntad, coraje, fuerza... Me faltaban todas las calificaciones, sentí un poder reconfortante que emanaba de ella, me dominaba y sólo quería ser su esclavo.

A partir de esa noche, las cosas empezaron a precipitarse, a un ritmo que me entusiasmó, me impidió pensar. Las noches se sucedieron, siempre cenas familiares, aquí y allá, pequeños momentos de intimidad en el bar de la avenida que separaba nuestros hogares, luego nuestras relaciones finalmente se volvieron más sensuales, más físicas, y mi hermosa Eva aceptó al final de estas semanas de torbellino pasar una noche entera en mi casa donde comenzamos a desarrollar nuestros pequeños hábitos, compartiendo el armario y el estante del baño. Su té favorito encontró su lugar junto a mi paquete de café, sus bizcochos en los armarios de la cocina, y en mi habitación, a veces un par de medias sedosas, yacían languideciendo en una silla junto a la cama.

Sólo iba a su casa a cenar a veces los fines de semana. Ada nos preparaba una comida del campo, y yo me reía con la chica, una adolescente curiosa con ojos brillantes tan parecidos a los de su madre y su tía, que me había adoptado como amigo, como confidente. Me hacía escuchar su música, a veces me pedía que la ayudara con sus deberes mientras Eva se vestía para salir. Estaba evitando estar solo en presencia de Luce que se veía rara, casi odiosa, cuando sus ojos caían sobre mí o cuando su hermana y yo íbamos de la mano para ir a un espectáculo o a una fiesta en casa de un amigo. Los domingos, íbamos juntos a la iglesia donde se unió al coro para cantar conmigo. Al pastor Amédée le encantaba que cantara en solitario y en esos profundos momentos sólo cantaba para Eva, a veces cerrando los ojos para ocultar mis problemas a los miembros de nuestra congregación.

Pero sabía que mi voz se elevaba para ella desde el altar donde nos sentábamos, cerca del coro.

Ya no podía contar las semanas y meses que pasaron como en un vértigo de sentimientos fuertes, de salidas, de música, de tardes de domingo donde simplemente veíamos la televisión, en mi casa o en la de ella. No quería pasar mis tardes en compañía de las mujeres de la familia, que me resultaban un poco aburridas porque las conversaciones eran sobre temas femeninos que no me apasionaban, o sobre recuerdos de su pasado que ignoraba en gran medida, o sobre charlas sobre gente que no conocía. Pero casi comparto la vida diaria de esta mujer extraordinariamente bella, tan cercana y tan inaccesible en apariencia. Evitaba mostrarme demasiado tierno o ansioso delante de los demás cuando estábamos con la familia, como un gesto modesto, porque Ada me recordaba a mi madre y la presencia de Luce o la joven adolescente me inspiraba con moderación. Devoraba a mi bella Eva con los ojos, acariciando su mano de vez en cuando o poniendo mi brazo sobre sus hombros cuando nos sentábamos uno al lado del otro.

"¡Veo que te gusta mi hija, muchacho! "Ada dijo, dándome una cariñosa palmadita en la cabeza.

- Mucho más que eso, si lo supieras.

Y los demás se reían a carcajadas de mi obvia confusión.

Mike aparecía regularmente en el apartamento para beber y comer con nosotros, luego seguía a su hermana a la cocina o la atraía a una habitación antes de irse, y al ver su sonrisa satisfecha cuando ponía su cartera en el bolsillo, comprendí que le pedía dinero, y Eva nunca se negó.

Con el tiempo este modus vivendi comenzó a pesar sobre mí, y empecé a considerar mudarme con Eva, pero no estaba seguro de cómo decirle esta decisión, cómo convencerla de que dejara a su familia, que se había instalado cómodamente y a bajo precio en su casa. Nos haría la vida más fácil, permitiéndome ajustar mis horas porque todo mi horario estaba fuera de sincronía. Trabajaba hasta muy tarde, y después de nuestras reuniones, las copias se apilaban en mi escritorio, no encontraba tiempo para leer o escribir. Este amor me devoró.

Su examen oficial, el padre de su hijo, que viajaba mucho, llegaba de vez en cuando, y en esos días, para mi disgusto, Eva me despedía limpiamente, pretendiendo que él había permanecido muy celoso y que, no queriendo tener ningún argumento para preservar a la niña, prefería que yo no estuviera allí. Era hosca antes de las visitas y muy cariñosa, como para recompensarme cuando él no estaba.

Pero esas fueron las únicas noches que pude dedicar totalmente a mi trabajo.

También parecía dejarle dinero para el mantenimiento de su hija, y juntos programaban los fines de semana para visitas y compartir las vacaciones escolares.
Me di cuenta de que la vieja Ada se esforzaba por preparar comida para su pseudo-cuñado y yo sentía algunos celos. Fue entonces cuando la idea de vivir con Eva tomó una forma más concreta en mi cabeza, pero no pude establecer con calma el presupuesto que necesitaríamos para reunirnos. Sin embargo, cada día me impacientaba más y decidí contarle este proyecto en cuanto encontrara una casa más grande. Pero aún así me negué a la idea de vivir permanentemente con la madre, el hermano ocasional, la hermana caprichosa, enfurruñado a veces y realmente envidioso de mi relación con Eva. La joven adolescente, Jenny, no me molestaba, estaba muy apegada a su madre y no la dejaba ir, pero tendríamos que aceptar esta situación normal, sin ninguna sombra.

Me sorprendió una noche, después de haber pasado unas horas de amor apasionado, oírla decirme: "Cariño, vamos a tener que hacer algo, no puede seguir así. »

Con mi corazón latiendo, le pregunté, de pie sobre un codo, con la cabeza apoyada en la mano: "Explícate, te estoy escuchando".

Y yo, despreocupadamente, seguí acariciándola con mi otra mano, deslizando mis dedos sobre la piel lisa de sus piernas.

Ella me dijo con calma:

-   Deberías buscarnos una casa, yo me quedo con mi apartamento, puede ser útil, y sobre todo, debes seguir ascendiendo en la sociedad, me dijiste que has empezado a estudiar para ser diplomática, bien sabes que me encantaría ser la esposa de un embajador o un cónsul. Lo imagínas, viajaríamos, recibiríamos a gente importante, daría recepciones, me vestiría en las casas de moda italianas o francesas. Pondría a Jenny en una universidad elegante.

No podía responder porque no había llevado mis pensamientos tan lejos.

-   ¿Es la única razón por la que quieres que vivamos juntos?

Se rió: "No se pueden atrapar moscas con vinagre", dijo, saltando y caminando hacia el baño. "Tienes el mercado en tus manos, depende de ti, no voy a estar en una relación ordinaria durante años.
Una pequeña campana de advertencia sonó en mi cerebro, aún nublado por el placer que habíamos compartido.

-   Banal, me duele decirlo. Mi relación contigo no me parece trivial. Eva, te amo, sólo quiero vivir contigo, pero ¿bajo qué condiciones? Y por el momento no puedo dedicarme a apuntar a otra situación, tengo que seguir recibiendo mi salario de maestro, lo necesito para asegurar el futuro. Si tenemos que movernos...
-   ¡No me voy a mudar al menos que mi nueva vida me convenga!

Me quedé sin palabras porque no sabía qué pensar, qué creer. De repente tuve dudas sobre su apego y sus sentimientos hacia mí. Había aprendido a desconfiar de las ambiciones de las mujeres y su deseo de lujo, y me ofendió un poco que me vieran como una "relación común".

Eva anunció, como para torturarme más: "Por cierto, no vendré mañana, tengo que irme hasta el fin de semana, tengo que ir a un salón de belleza negro en Atlanta; de todos modos, estás trabajando, el tiempo pasará más rápido pero piensa en lo que dije. ¡No quiero decepcionar a mi familia! »

Me dejó así, sin que yo pudiera reaccionar; ¿había elegido salir conmigo para llevar una vida más brillante y excitante? ¿Qué más podría ofrecerle en los próximos dos o tres años? Me pareció que una pesadilla que ya había experimentado volvía a la vida y me aterrorizaba. "No, Eva, tú no! "Y sin embargo, la duda comenzó a abrirse camino en mi confuso cerebro.

No pude dormir esa noche, armando mil escenarios de nuestras vidas, los arreglos con la familia, el tiempo que tomaría lidiar con las agencias de bienes raíces, la mudanza. El tiempo de soñar despierto probablemente ya ha pasado lo suficiente, tienes que tomar tu destino en tus propias manos, hacerte cargo de la vida por dos (o tres, o ¿cuántos?).

No podía imaginar que podría instalar toda esta familia bajo el mismo techo, soportar las visitas regulares e interesadas de Mike, pero sobre todo, cohabitar con la que acusé de ser una serpiente amenazadora, Luce.

Era imposible pensar que podía olvidar su intento de seducirme, desconfiaba de ella y tampoco soportaba mucho sus reuniones conciliatorias secretas con Eva.

A menudo la llevaba consigo para hablar "entre chicas", como ella lo llamaba, pero se quedaban fuera voluntariamente bajo mil pretextos, mientras yo esperaba, en compañía de Ada o Jenny, echándole una mano a una para limpiar la mesa o hacer la cocina, a la otra para terminar una tarea o reanudar una clase con ella.

No, por supuesto, estas tareas en sí mismas no eran desagradables, contrario, daban un carácter rutinario y familiar a nuestra vida cotidiana, me sentí como si estuviera en el patrón no sorprendente de la vida matrimonial, después de las emociones de la luna de miel.

Cuando las dos hermanas finalmente volvieron a casa, cómplices y riendo, me pregunté cuál era mi papel en esta relación. A veces miraba a Eva desde la distancia y la encontraba tan escurridiza, tan extranjera. A veces sentía su mirada sobre mí y me iluminaba con el pensamiento de que tenía una mujer extraordinaria que todos me envidiaban. Finalmente, también me di cuenta de que esta relación me estaba alejando poco a poco de mi familia, de las pocas personas que había visto antes, porque era muy absorbente.

La salida familiar era el rito dominical de asistencia al culto, la visita al pastelero y al florista si teníamos que almorzar en casa, o la comida en un bonito restaurante del barrio. De vez en cuando íbamos a jugar a la ruleta en el casino, no porque los juegos fueran mi taza de té, sino porque a los Desroches, madre e hijas, les encantaba emocionarse jugando durante horas: "Negro, impar y pase, rojo, fallado, ya no pasa nada, doblo mi apuesta, ¿todavía tienes fichas? Esta vez es la correcta, está amañada, lo intentaré de nuevo, sé amable, ve a buscarme un trago". Me cansé de todo esto, jugué unos cincuenta dólares y luego me hice el caballero de brillante armadura sirviendo a estas damas, mi querida estando demasiado ocupada con su juego y forzando su suerte. Detectaba destellos desconocidos en sus ojos como si las escamas de oro que contenían se volvieran más intensas y más perturbadoras.

Siempre estuve atento y paciente, lo más importante para mí es poder contemplar y estar cerca del objecto de mi llama y mi demonio.

Como describir los dias hasta entonces! Son confundidos en mi memoria. Solo la veo a ella, entre dos nubes ligeramente empujadas por la brisa, solamente la veo a ella, inclinada hacia mi, sus gestos dulces, su cabello fragante cayendo sobre sus hombros, sus vestidos sedosos, su misteriosa sonrisa, cuando la tomaba por la mano durante nuestras frecuentes salidas.

le decía cuanto estaba impaciente por verme, dijo, estaba observando mis pasos cuando, con mi trabajo terminado, volví a la habitación donde me estaba esperando, inmersa en la lectura de sus revistas femeninas, tumbada en mi cama. Apagábamos la lámpara y nos susurrábamos el uno al otro, diciéndonos en secreto nuestro amor.

Ella era muy diferente cuando estábamos solos, dejando de lado su altiva expresión para entregarse a mí. Pero a la hora siguiente, su frialdad me preocupó. De repente se ausentó, entró en pensamientos que no compartimos, y si le pregunté, levantó las cejas como para decirme: "¿En qué te estás entrometiendo? ». ¡Qué extraña relación!
No podía decir nada en contra de su hermana, que siempre estaba distante y me despreciaba, porque la defendía amargamente.

Oh, si supieras mi amor, lo incómodo que me pone la presencia de Luce, sobre todo desde el día en que, cuando Eva tuvo que llegar tarde a casa, me dijo con mala cara: "¡Pobre tonto, aprovecha este momento de gracia, porque con mi hermana no durará! ¡Confía en mí! »
Ni siquiera traté de averiguar lo que quería decir con eso y cuando vi a Eva tan distante, recordé esas desagradables palabras.

La vida había transcurrido tranquilamente durante unos meses, cuando una noche el teléfono me despertó.
Era Luce.

- Ve al Dominó, si llegas a tiempo, mi hermana está allí.
- ¿Qué es lo que pasa? ¿Pasa algo malo? ¡Me atrapaste en medio de mi sueño!

Empezó a reírse de la combinación y este incidente me perturbó tanto que, saltando en vaqueros y un polo, me encontré, unos minutos después, al volante de mi coche, en la circunvalación que lleva al "Domino", un cabaret a la vista de Park Avenue.
No había visto a Eva esa noche porque llegaba tarde al trabajo y ella me había dicho que también quería descansar. ¿Qué estaba pasando?

La caja es ahumada, la música cubana, los cactus en maceta en la entrada, una barra de madera tallada y redes de pescadores para la decoración dan al cabaret un aire falsamente tropical. Cajas discretas albergan parejas apenas visibles bajo las luces tenues. Afortunadamente me puse zapatos de calle y tomé una chaqueta en el camino, de lo contrario no habría podido entrar en este discreto lugar de encuentro.

Creo que de repente soy un estúpido. ¿Qué estoy haciendo aquí? Tengo que irme rápidamente, debo parecer un loco, apenas despierto, con una mirada inquisitiva en los ojos, ¿qué estoy tratando de encontrar, de demostrar? Me inclino hacia la barra para acostumbrar mis ojos a la penumbra y observo a las parejas sentadas en esos rincones, delimitados por puertas de hierro forjado, escondidas por palmeras y otras plantas verdes que ocultan los rostros. Un afable camarero viene hacia mí. ¿Qué desea ud? Me veo obligado a hacer un pedido y elegir un cóctel tropical y colorido, que me trae rápidamente, mientras intento adivinar a través de las rejillas, las caras de los consumidores sentados.

Estoy cansado y alerto al mismo tiempo, quiero saber. ¿Qué hace Eva aquí? Tal vez decidió pasar un tiempo con un amigo, para relajarse lejos de los suyos. Pero no me dijo nada. ¿Y por qué no está Luce con ella? No estoy seguro. ¿De dónde me llamó? Trató de jugarme una mala pasada y detenerme desde dormir.

Soy muy pusilánime e infantil, ella me engañó. Voy a tragarme mi bebida y salir de aquí tan rápido como pueda.

Le entrego veinte dólares al camarero y mientras busca el cambio, me giro hacia el lado opuesto de la habitación.

Está allí de espaldas, por eso no me ha visto todavía. El joven que le toma la mano, parece muy joven, tan joven, un astuto don Juan, con la camisa abierta sobre su musculoso pecho. Lleva un vestido estampado de pantera que me encanta. Su pelo rizado cae en una masa asimétrica en su hombro desnudo. No puedo ver su cara, pero la encantadora sonrisa de su compañera me hace entender que le está contando un cuento, y que no debe ser insensible a él, ya que se inclina más hacia él y pone su segunda mano en la mesa de café. Pone un beso en los dedos que le han llegado. Él se ríe, ella debe reírse con él o actuar misteriosamente como de costumbre y él, la excita, se inclina para hablar con ella más de cerca. Suda el deseo y sus ojos están enfocados en la cara de quien es mío. Ni siquiera reacciono, parece que esta escena no me concierne porque no puedo darme cuenta de que estoy ahí, mirando este cuadro caprichoso y que ella no está conmigo.

Es como si el orden universal de las cosas se aboliera de repente, y como si viviera una pesadilla de la que quiero desprenderme.

- Señor, señor, su cambio.

El camarero me está mirando raro. "¿Se encuentra bien? »

- Sí, no es nada. Gracias. Gracias, gracias.

Quiero salir, muy despacio, sin que se note, volver a casa y retomar el sueño donde lo dejé, antes, ¡antes!

Me levanto muy despacio, y siento que mis piernas no me van a llevar, que están hechas de plomo. "Sal, sal, a qué esperas". Lucho, me arranco del mostrador, atravieso la puerta, la noche cálida llena mis pulmones y la música se apaga detrás de mí cuando la puerta cae sobre el jarrón cerrado donde mi amor se ha congelado, detrás de las plantas cómplices de adulterio.

¿Adulterio? No estamos casados, vivimos juntos en línea punteada como eternos novios. Entiendo entonces que si no hago algo, voy a perderla, y curiosamente, no puedo enfadarme, no puedo culparla. Debo ser "banal" como ella dijo una vez. Sí, la he decepcionado. Eso es todo, soy insípido, demasiado predecible en mi rutina de doctorado, la universidad, las copias, la investigación para mi tesis, entiendo que todo esto pesa sobre una mujer que quiere contar con un compañero activo y responsable. Me falta energía y es todo culpa mía. SÍ, es todo culpa mía. Tengo que hacer mi mea culpa. Sé que espera un compromiso de mi parte y he dudado por razones que no puedo superar. ¡Amo a Eva, no amo a su familia! Es a ella a quien quiero hacer feliz, no a Luce o incluso a Ada que finalmente me es indiferente porque veo claramente en su juego - atrae a los hombres hacia sus hijas por su cortesía, su falsa simpatía, su buena comida, su falsa complicidad. Y el parásito de su hermano. Ah, lo odio.

Pero estoy delirando, cargo los hombros de todas estas criaturas porque soy yo quien está en problemas. Una especie de transferencia, como diría un psiquiatra.

# UN VIEJO AMIGO

La vida había reanudado su curso anestesiado y rutinario, desde el pequeño apartamento donde me había instalado, cerca de la Universidad de Mont-clair, donde me habían confiado dos años de cursos de francés, lengua y literatura. Encontré unas horas extra en un instituto del mismo barrio, y me dejé llevar entre mis días ocupados y las pocas comidas que mis primos me invitaban a compartir los domingos o sábados por la noche. No salía mucho, daba mis papeles para corregir, algunos recados esenciales, leyendo y soñando despierto a veces, escuchando una radio haitiana que dejaba encendida continuamente en casa. Había amueblado este apartamento con lo necesario, sin haber tenido tiempo de correr a las tiendas para encontrar lo superfluo. Y yo estaba bien, lejos de la agitación de los últimos acontecimientos que habían hecho girar una vez más la rueda implacable de mi destino. Me encontré, en los albores de mis cuarenta años, todo dedicado a mis obligaciones profesionales pero también inmersas de nuevo en la investigación para escribir una tesis sobre el tema de mi país, Haití.

Mis pocos conocidos con quienes me juntaba de vez en cuando estaban preocupados por mi misantropía y aislamiento y me costó mucho convencerlos de que me sentía bien con ello. Una vez más estaba en recuperación emocional. Había salido de Francia como un sonámbulo, magullado una vez más y todavía con ganas de reconstruir mi vida en casa, o entre las personas que fueron mis hitos, en mi país de adopción. Había cumplido mis compromisos con un estado que me había alcanzado y me había permitido convertirme en un profesor de pleno derecho. Estaba orgulloso de esta misión de confianza. ¿Por qué buscar más felicidad cuando la que tenía me bastaba por ahora?

Había encontrado colegas amistosos en la universidad y me había hecho amigo de un profesor francés de Niza, un africano de origen africano cuya cultura y cortesía me habían fascinado, así como su dolorosa situación de emigrante, porque no había logrado traer a sus hijos aquí y anhelaba que se quedaran, algunos en Francia, otros en África. Su amistad era muy valiosa para mí y tuvimos largas conversaciones sobre literatura, así como nuestras respectivas experiencias en el país de las artes y las letras.

Los domingos, asistía a la iglesia de mi barrio, pero de forma irregular, y a menudo me unía al coro dominical para dar otro sentido a mi vida, y para saludar a algunas personas que conocía y a las que no tenía tiempo de ver durante la semana.

Un miércoles, cuando mis clases habían terminado temprano, ¿qué fue lo que me hizo querer visitar a Antonin, mi antiguo jefe? Estacioné mi auto frente a su garaje, y caminé hacia la oficina cuando una silueta familiar me llamó la atención. El hombre, inclinado sobre el parabrisas de un descapotable amarillo brillante, daba órdenes a un aprendiz con una taza de café en la mano.

- ¿Compañero?

Se dio la vuelta y una gran sonrisa dividió su rostro sin cambios e hizo que sus ojos brillaran tan azules como siempre.

- ¿Benjie? ¿Qué estás haciendo aquí, viejo? Si esperaba.... Me dio un abrazo fraternal y nos dimos la mano durante mucho tiempo.
- Qué sorpresa, dijo, pensé que aún estabas exiliado en algún planeta poblado por poetas...

Parecía feliz de verme de nuevo y empezamos a intercambiar noticias de nuestros respectivos destinos. Estaba soltero otra vez, dijo, y listo para seducir a cualquier cosa que llevara una enagua, a sus hábitos. Trabajaba en una oficina de importación y exportación o algo así. Pero en realidad me dijo que su padre estaba dirigiendo el negocio y que estaba allí "de paso" para justificar el subsidio parental que recibía cada mes. Y todo esto lo hizo reír, como solía hacerlo. No había cambiado. Le hablé vagamente de París, de una pequeña decepción amorosa que había sufrido, pero sobre todo de mi éxito en los estudios. No nos habíamos visto desde mi divorcio.

- Pero, no hay problema, amigo mío, recuperaremos el tiempo perdido", dijo. No te dejaré ir, vas a conocer chicas hermosas y agradables, confía en mí.
- Sabes que tengo tanto trabajo que hacer, que no creo que tenga tiempo ahora.
- ¿Qué, estás bromeando? ¡Esperas a ser un viejo cobarde y cacofónico para divertirte! ¡No, querido! Y para empezar, el próximo sábado te llevaré, vamos a ver un espectáculo bastante impresionante. Te estoy invitando, no puedes negarte.

# LUCE

Después de haber doblado la bolsa de papel kraft donde estaba enterrada la muñeca dada por Doña Calixte, Luce casi se escapa balbuceando "hasta la semana que viene". La ceremonia la había impresionado y sintió tanto el miedo, el del contacto con lo sobrenatural que está más allá de lo que los humanos pueden concebir, como la angustia y - si alguien la había visto - la satisfacción, para finalmente tomar su venganza!

El humo acre que la vieja bruja había llenado su choza le daba dolor de cabeza.

Corría casi por los callejones poco atractivos de este humilde vecindario de Puerto Príncipe, donde podía hacer una mala amistad. Los tugurios deteriorados se sucedieron, idénticos en su miseria. A veces se encontraba con un perro callejero, que evitaba mirar, una gallina asustada casi se alejaba volando bajo sus pies, torpemente, y se daba un pequeño grito de miedo, no sabía cómo había aparecido este animal bajo sus pies.

Jardineros descuidados y mazmorras sucias se encontraban en una posición amenazadora a su alrededor. Neumáticos viejos y marcos de bicicleta oxidados florecieron detrás de las empalizadas oxidadas. Ni un alma viviendo a esta hora entre perro y lobo, sólo sombras silenciosas parecían atormentar estas casas con persianas cerradas. Ella, que estaba acostumbrada a la colorida animación y a la agitada vida de las ciudades haitianas, se preguntaba sobre este inusual lugar que parecía ser un mundo diferente del que había atravesado por la tarde.

A veces parecía que la seguían, se dio la vuelta preocupada y se dio cuenta de que llevaba la desgracia en esa bolsa de papel marrón que le colgaba en el extremo del brazo y que de repente la horrorizó.

Pero su odio era más fuerte que cualquier otra cosa, y siguió adelante hacia las avenidas mejor iluminadas, donde encontraría la vida, la normalidad, el tap-tap que la llevaría de vuelta a la ciudad alta, al refugio, al territorio familiar.

Pensó en este joven pretencioso que pronto se desilusionaría. ¿Por qué? ¿Porque ella prefería a su hermana antes que a él? Luce había sido invadida por los celos desde ese día cuando las dos, con la esperanza de ser elegida "Miss Lemongrass" del año, se habían vestido con sus mejores galas para ir al concurso.

Fue la primera en ver a este joven alto y elegante, que inmediatamente ocupó todo el espacio de su corazón y al que había deseado casi dolorosamente en su carne. Fue amor a primera vista, y sin embargo sólo tenía ojos para Eva, su hermana mayor, ya madre de un adolescente. Eva siempre había tenido los hombres que había querido, era más misteriosa, de apariencia fría, miraba a los hombres con una mirada altiva, devoraba a los hombres con un apetito opresivo, era exigente en todo y comían de su mano.

Ella, Luce, siempre había tenido sólo los restos de su hermana, haciendo de cuñada atenta, de confidente, a menudo había logrado encontrar unas horas de placer robado, en los brazos de los amantes desalojados por Eva. Pero ella había querido este para ella sola, no quería oler el perfume de su hermana en él, hubiera querido que él la viera sólo a ella en este concurso de belleza, pero como siempre, el premio de la noche había ido a la brillante Eva que había seducido inequívocamente a todos los que se le habían acercado con su sensualidad animal, su sonrisa de Mona Lisa, sus efectos de cadera, sus generosos pechos que apuntaban llenos de promesa en sus apretadas fundas de seda.

Luce se había dado cuenta de que era como una sustituta de Eva cuando Eva despidió a su amigo del momento, un peor escenario con el que a menudo se había conformado, pero Benjie... Benjie era diferente, Su amor

era puro, y nunca la había mirado como otra cosa que la hermana pequeñ..
que tenía que soportar para complacer a la mayor, a pesar de las invitaciones
y las actitudes provocativas que ella había multiplicado hacia él, incluso
llegando a lanzarse a él dos veces inequívocamente, en ausencia de Eva.

Aquí, en Haití, todo el mundo conocía este o aquel ritual vudú, o las
palabras que traen suerte, amor o repelen la desgracia, curan ciertos males,
ayudan a las mujeres necesitadas. Todo el mundo evitaba los quat'chemins
cuando se veía un gallo sangrando allí, con las patas atadas, tumbado allí
por la mañana temprano o durante la noche. Era mejor no hacer preguntas.
Tenías que callarte, cerrar los ojos. Pero el rito final fue realizado por la
bruja y sólo por ella. Fue ella quien dialogó con los poderosos loas, estas
deidades híbridas, una mezcla de creencias cristianas y paganismo.

Una noche, mientras Eva estaba en una fiesta organizada por los peluqueros
profesionales de su ciudad, Luce se había deslizado en su cama matrimonial,
mientras que Benjie se había acostado temprano, exhausto por su semana
de trabajo.
Se había hundido descaradamente junto a él en la oscuridad, pegándose
a él para compartir su deseo; lo había despertado mientras dormía y bajo
la manta había intentado devolverlo para darle las gracias. Durante unos
minutos, sorprendido, no la había alejado, y ella se había sentido muy
perturbada en su semisueño, había empezado a suspirar y le había agarrado
suavemente el pelo para atraerla hacia él, ella pensó que había ganado el
juego, pero de repente, tirando la manta, él descubrió el truco y la empujó
con fuerza y la tiró de la cama. Le había hablado con palabras desagradables
que ella no esperaba y le había dicho que sólo Eva era su amante y su esposa,
reprochándole y condenando su iniciativa.

Su odio nació esa noche y juró vengarse y hacer todo lo posible para romper
esta pareja, que era insoportable a su vista. Pero él había sido magnánimo
y le había jurado que no le diría nada a Eva, para no armar un escándalo,
siempre y cuando se le metiera en la cabeza, que él amaba a su hermana y a
nadie más y que la fidelidad era lo más importante en una pareja; entonces
Luce había alimentado el plan para hacerle tragar su desdén, conocía a
su hermana y sabía que Eva no sentía lo mismo. Para ella, los hombres

.an consumibles, pero por el momento no quería dejar a Benjie, que representaba para ella una especie de garantía de respetabilidad, a pesar de que coqueteaba con jóvenes que Luce le presentaba a menudo.

A pesar del calor de la noche tropical que ya había caído, Luce tuvo un escalofrío cuando pensó que tendría que volver a Doña Calixte la semana siguiente. Estaba asustada. Los dedos torcidos del hechicero ya no estarían satisfechos con los trescientos dólares que había metido en sus dudosas garras; tendría que pagar cuatro veces más por lo menos, pero estaba decidida a llegar hasta el final, y ¿podemos fallar a las brujas sin sufrir las repercusiones de sus maleficios?

Los hechizos, los encantos, el recurso a la brujería están ligados a los cuerpos de la mayoría de los haitianos, criados como ella en familias apegadas a sus costumbres, como los africanos, los antillanos, los brasileños o ciertos pueblos de esos países y ya no podía escapar.

Eva había olvidado sus orígenes, vivía en Nueva York desde los seis años, pero Luce había venido más tarde a unirse a la familia en los Estados Unidos.

Había pasado toda su infancia y parte de su adolescencia en el campo con su abuela paterna; el viejo Petronille era uno de los que desconfiaban de los blancos y preservaba su cultura y sus creencias. El único sacrificio que había hecho era la práctica casi diaria de los ritos de la iglesia bautista, a la que asistía asiduamente, combinando así el maravilloso y poderoso poder de los santos cristianos con las fuerzas del vudú, a las que recurría tantas veces como era necesario.

Las historias de las ancianas todavía estaban en su memoria y el "Man'Calixte" también había poblado el mundo de su infancia. Siempre le había gustado escuchar los cuentos de los ancianos que intercambiaban recetas de pociones de amor y decocciones con virtudes terapéuticas, agrupados en el velatorio, murmurando sus secretos en criollo y tirando de sus pipas de arcilla o pequeños cigarros negros.

Si no hubiera vivido bañada en esta fe en lo sobrenatural y en los poderes de los loas, nunca habría regresado a casa para conocer a Man'Calixte y nunca habría recurrido a sus servicios. Puede parecer tonto, irracional y costoso, pero ella había tomado la decisión, con toda naturalidad, en la vanidad de sus esfuerzos por atraer al hombre que más deseaba en el mundo, a quien amaba y odiaba.

Por el momento, al bajar del autobús que la llevaba a la casa de su prima, Luce respiró, un poco aliviada.

Se dio cuenta de la sed y el hambre que sentía, del sudor que se le pegaba a su vestido indio floreado en su cuerpo cansado.

Pronto estaría en el aeropuerto de Newark, para unirse a Eva en Nueva Jersey - otro mundo - y podría tejer tranquilamente el lienzo de sus humildes obras.

Roxane, su prima, había preparado un plato de arroz y guisantes, con pollo a la parrilla condimentado con especias. Comieron en silencio. Roxane sabía el propósito de la salida de su prima ese día pero no hizo ningún comentario sobre el contenido de la bolsa marrón que Luce acababa de llegar y que se había tirado en una bolsa de viaje.

Mientras Roxane se instalaba delante de su pequeño televisor para seguir la continuación de su telenovela vespertina, Luce se dio una larga ducha como para lavarse de las horas pasadas en el casco antiguo, en el humo de la choza negruzca y del vago sentimiento de culpa que empezaba a trabajar en ella. ¿Cómo reaccionaría Eva? ¿No estaría muy decepcionada si su novio se encontrara en los brazos de Luce, porque esa era la segunda parte de su programa? Pensaba en Jenny, su sobrina, a quien le gustaba Benjie y lo consideraba casi como un padre sustituto.

Se fue a la cama enseguida, exhausta, pero no pudo encontrar el sueño reparador con el que contaba, su mente inquieta con mil pensamientos contradictorios.

Se preguntaba cómo podía enterrar discretamente la muñeca con los hechizos en el jardín de la bonita casa donde Eva y Benjie planeaban establecerse, a una hora específica, en una noche de luna negra. ¡Bueno, ella se daría cuenta!

Esto le pareció más fácil que el paso que acababa de dar. Al principio ataría a Benjie a su hermana y la debilitaría, mientras que Eva continuaría corriendo a los brazos de otros hombres. Luego, cuando se descubriera la traición, ella lograría ser la consoladora, la cuñada siempre amante y dispuesta a hacer cualquier cosa para hacer feliz al hombre.

Se vengó apegando irremediablemente a Benjie con su hermana, a pesar de las aventuras y jóvenes amantes que nunca se cansó de acumular. Así, su futuro estaba asegurado porque estaba en camino de convertirse en un eminente profesor y sin duda más, en un renombrado escritor, un poeta y ¿por qué no en un diplomático como decía a menudo? Luce se imaginaba viviendo en la estela dorada de esta pareja, frecuentando un ambiente brillante y con clase, donde sin duda ella también encontraría finalmente al hombre con el que se casaría. Dejaba su oscuro trabajo de pequeña secretaria temporal para mezclarse con los ricos, viajar con su hermana y pasar un buen rato. Este simplón estaría locamente enamorado de su hermana y finalmente humillado, cornudo en su propia casa, y ella podría, sin remordimientos, conquistarlo. No debería haber tenido tanta prisa, debería haber esperado hasta que él estuviera más desesperado, hasta que se sintiera traicionado, abandonado, y entonces podría haberse refugiado en sus brazos. Se culpó a sí misma por no haber sido más paciente, por no haber contado con el amor demasiado puro de este imbécil. Pero ella sería vengada.

# LA SEMANA DESPUÉS

Doña Calixte sentado en un taburete, con el pelo enganchado en su pañuelo de algodón, tiró de un pequeño cigarro. Su opulento pecho se extendía sobre su regazo. No miró a su visitante. Miró fijamente un caldero de mezcla hirviendo a fuego lento en un trípode frente a ella. A veces parecía como si estuviera susurrando algo entre dos caladas de su apestoso cigarro, sus labios apenas se movían. El olor del caldo invadió la caja oscura.

Luce creyó reconocer el olor del pescado y el tomillo, pero algo más fuerte dominaba detrás del humo, que podría haber pasado por una simple sopa de pescador maloliente, como si un huevo podrido hubiera caído accidentalmente en ella. Apenas se atrevía a respirar para no perturbar la meditación de la anciana que le había hecho señas para que se sentara en esa silla delante de ella sin decir una palabra. Los minutos se alargaron aparentemente durante horas, y el calor comenzó a molestar a la joven que sentía las manchas de sudor en las sisas de su camisa de algodón.

De repente la anciana se levantó de nuevo con esa agilidad sorprendente para su edad y agarró un tarro de un estante. Metió su mano derecha en ella y agarró algo del contenido, que roció alrededor de Luce. Parecían cenizas. Se puso un pellizco de esto en cada uno de sus hombros y en su cabeza. La joven tuvo un reflejo de retirada pensando que su camisa blanca se mancharía.

- Te estoy protegiendo", murmuró por fin la bruja, "te llevas la maldición contigo y puedes ver cómo se vuelve contra ti porque vas más allá de los océanos y él estará contigo". Tengas cuidado de no tocarlo de ahora en adelante sin decir las palabras que te confiare y que te pondrán el velo de protección con estas cenizas. "Akou", akou "diosa para proteger a mwen, menaj ou wa, nan non servant'Calixte, powetesse, nan prop non li, kap mare e demare pwisans sekre ou yo ak maji ou yo.

Luce sintió de repente sus sienes congeladas, su mente nublada.
Entonces Doña Calixte se lo dijo:

- Voy a darte algo de esta bebida que debes beber esta noche al atardecer, y durante tres días. Harás lo mismo el día que entierres la muñeca y cuando veas a este hombre por primera vez, cuando vuelvas a casa.

Luce estaba prohibido. Nunca le dijo a la bruja que era de los Estados Unidos y que tenía que volver allí. De hecho, ella iría sobre los océanos.

- Sin embargo", añadió la bruja, "este hombre sufrirá, conseguirás desunir lo que es pero nunca será tu amante porque su corazón es demasiado puro y nunca ha hecho ningún daño a menos que sepas seducirlo con paciencia y mucho amor genuino.... o de lo contrario se necesitaría otra magia mucho más fuerte y mucho más cara y hoy estoy cansada. Puedes irte.

Luce palidece ante este medio éxito que se le vislumbró y su odio fue aún mayor por ello. La ira se apoderó de ella, pero tenía demasiado miedo del hechicero como para tomar represalias y trató de no dejar que su decepción se notara demasiado. Ella habría logrado sólo una parte de su objetivo, le molestaba que la bruja pensara que había sido manipulada. Pero por otro lado, si Doña Calixte, cuyos poderes eran reconocidos por la mayoría de los haitianos, no podía unir el corazón de Benjie a ella, era realmente imposible por el momento algún día tal vez... Lo importante por el momento era separarlo de Eva.

Todo a su tiempo, apego para no perderlo de vista demasiado pronto, vergüenza de la traición y la ruptura.

El regreso a la ciudad le pareció aún más difícil que la semana anterior, mi pensamientos la conmovieron y comenzó a hacer otros planes.

Si no podía tener a Benjie, era seguro que Eva tampoco tendría que conservarlo, así que seguiría con el ritual hasta el final.

Luce se negó a seguir siendo una solterona, y finalmente pensó en Dominic, el hombre con el que se había estado viendo durante algún tiempo. Dominic estaba lejos del hombre ideal que ella había pensado que veía en Benjie por sí misma, era un patán, le gustaban los juegos, las mujeres y bebía mucho, pero sexualmente ella sabía que él la complacía cuando no estaba demasiado borracho.

También le faltaba el nivel de cultura y conocimiento de Benjie. Su mundo era un mundo de trabajos ocasionales, una vez fontanero, una vez tendero, una vez repartidor, no sabía cómo hacer planes a largo plazo o cómo establecerse. De lo único que estaba segura era de que él tenía ciertos sentimientos por ella y que ella podía traerlo a la boda sin demasiados problemas. Se sentiría halagado de ser distinguido por la belleza de su esposa. Luce se sabía muy hermosa, agradable a la vista, y le gustaba vestirse elegantemente. Le gustaba gastar dinero baratijas y accesorios de todo tipo, y hasta ahora siempre había confiado con el dinero de su hermana para satisfacer sus deseos. Los ingresos de Benjie les proporcionarían todo lo superfluo, sería difícil prescindir de ellos, especialmente con la naturaleza voluble de Dominic y su desafortunado hábito de encontrarse más a menudo sin empleo que con empleo. El futuro parecía bastante comprometido y problemático para Luce. Eva, con su estudio de peluquería, siempre pudo arreglárselas.
Era necesario acercarse a Dominic y intentar atraerlo. Era necesario cambiar algunos planes. También tuvimos que seguir la evolución de la vida amorosa de su hermana y de Benjie que tendría que sufrir.

Todos estos pensamientos contradictorios se agitaban en desorden en la cabeza de Luce, lo que la hacía muy confusa e incómoda.

Para tranquilizarse, pensó en el crucero que iba a tomar con la familia, ya que Benjie le había ofrecido los pasajes.

Luce recordó el rápido viaje de tap-tap a las alturas de la ciudad,

## DOÑA CALIXTE

Una leve sonrisa pasó por los labios de Doña Calixte cuando terminó de masticar su pequeño cigarro. Se sentó en su taburete durante unos minutos más sin moverse, con la mirada perdida después de que la joven dejara su guarida.

Se puso de pie y caminó hasta el oscuro fondo de su cabaña, y luego deslizó la pared de madera que servía de tabique.

Allí, quienquiera que haya presenciado esta escena nunca habría creído en sus ojos. Un total y llamativo contraste con la choza baja, sostenida por el poste del mediodía, ahumada por el caldero hirviente, abarrotada por muchas wanagas, estos jarrones, ollas, velas de todos los colores, plumas negras, blancas, rojas supuestamente atraen a los espíritus benéficos.

En los frascos alineados en un estante tambaleante, animales con cadáveres secos, ranas, zandolitas, víboras. Dos tambores ceremoniales colgaban de un clavo.

La vieja bruja cerró el tabique corredizo en una encantadora pequeña sala de estar toda de ratán claro, decorada con algodón de colores. En la pared, algunos retratos, marcos que representan a la Virgen Negra del Guadalupe, que tenía toda su devoción, y el Sagrado Corazón, con miradas extáticas y rayos de luz extendiendo sus manos extendidas. En la otra pared, un posavasos con signos cabalísticos, pintado en rojo, en un pergamino de marfil. En una pequeña estantería estaban cuidadosamente alineados unos quince cuadernos de molesquín negro, un gran diccionario, una Biblia, un atlas y algunos libros sobre las virtudes de las plantas.

Delante del retrato de la Virgen se encendía una vela, y delante del marco de cristal de una mesa de pedestal había un quemador de perfume, un gran tintero de cristal, más bien barroco, con dos portaplumas, sobre un escritorio, y dos bloques de correspondencia. Doña Calixte, que apenas había ido a la escuela, sabía escribir bastante bien y sólo podía utilizar el viejo portaplumas de su época, en la escuela primaria. Fue colocada durante tres años en el instituto religioso que la había acogido de niña, tras la muerte de sus padres, antes de encomendar a la joven adolescente a una vaga prima de su madre, ella misma una sacerdotisa vudú de su propio estado, que la mantuvo más bien como joven criada y cocinera primero, y más tarde como ayudante. La crió sin ninguna ternura en particular, pero con cuidado, respeto y rectitud.

- Me sucederás y serás respetada, le repetía a menudo. La gente te temerá y conocerás todos sus secretos porque vendrán a ti, olvidando su arrogancia y rango social, a pedirte ayuda.

Aprende, hija mía, aprende, porque has sido elegida pobre para servir, pero serás rica. Sólo sé discreto con tu fortuna, y no la desperdicies.
La adolescente se había preguntado a menudo cómo podías llamarte rico cuando vivías en una choza sucia y llena de humo, cuando no sabías cómo ganarte la vida.
No llevaba ropa bonita, y no tenía un buen coche como la gente de la ciudad de arriba.

Finalmente comprendió poco a poco cuando vio lo buena y abundante que era la comida que se comia donde en Doña Félicité, nunca faltaba carne y pescado, verduras, frutas, huevos frescos, chocolate, leche, azúcar, harina... todo estaba listo para comer. La carne era más sabrosa y variada que en el orfanato.
Tenía poca ropa pero estaba en buenas condiciones. Además de sus simples ropas cotidianas, tenía un vestido indio floreado, una camisola de algodón, una enagua y una blusa para los días de fiesta, sandalias cómodas y un pequeño sombrero blanco de algodón.

Al principio le habían intrigado los viajes que el viejo Félicité emprendía a veces. Dejaba la ciudad por una semana más o menos, fingiendo llevar sus remedios al campo y traer las cosas simples que necesitaba para sus pociones y filtrado. En otras ocasiones, llenando una pequeña maleta con lo necesario, ajustándose los guantes y el sombrero, se ponía un vestido floreado y sus zapatos barnizados como si fuera un domingo o un día de fiesta, y confiaba la cabaña a Calixte, recomendándole que diera tal o cual remedio a las personas que vinieran en su ausencia, y Calixte observaba escrupulosamente sus recomendaciones.

No se quejó, porque tenía curiosidad por las actividades de la bruja, y todas las noches leía y releía los cuadernos de Félicité sobre magia. A veces se sumergía en la lectura de las escrituras porque había una Biblia en los tesoros de Felicite. Escuchaba la radio y también le gustaban las canciones criollas sobre el amor, ya que no sabía nada de chico de su edad.

Clasificó las plantas medicinales, las secó y molió las que se utilizarían para hacer polvos, y se contentó con su modesta condición, pero sabía que otras personas sufrían hambre y miseria en su país, Había tanta violencia, había oído hablar de la policía estatal, de los tontons macoutes, de las desapariciones, de las torturas, del tormento del neumático ardiendo por el que habían sido castigados esos asesinos, el tormento del "Pè-Lebrun"- pero parecía pertenecer a otro mundo que no conocía, o se negaba a conocer.

Su horizonte se limitaba normalmente a la ciudad de Pétion-ville en la que vivía, y a unas pocas calles comerciales en el centro de la ciudad que a veces había utilizado para la compra de casas, hilo, agujas, unos pocos metros de tela, tinta, velas para los rituales y para compensar los demasiado frecuentes cortes de electricidad, y bombillas.

El resto fue prácticamente traído a casa por los muchos vendedores ambulantes.

En aquellos días, a Calixte se le permitía pasear una o dos horas por el Boulevard Jean-Jacques Dessalines y disfrutar de un sorbete de limón, su único pecado gourmet. Los coches, la multitud la mareaba, no se quedó mucho tiempo y rápidamente se puso en marcha de nuevo hacia los suburbios, gritando un tap-tap sobrecargado, ignorando los grupo. de jóvenes que la miraban o a veces trataban de acercarse a ella. En estas ocasiones traía un diario o un semanario, sin distinción; compraba el primer periódico que llegaba, "Le Matin", el "Nouvelliste", el "Bon Nouvèl" o el "Boukan", que hojeaba por el camino, pero que leía los días siguientes con gran interés, pues a Calixto siempre le había gustado leer, y aprendió muchas cosas en el proceso.

No tenía amigos propios, excepto una compañera de infortunio que había conocido en el orfanato y que se había casado a una edad muy temprana y se había ido a vivir al campo con su marido. Sólo tenía noticias raras de ello, excepto cuando Petronille tuvo otro hijo o cuando su marido estuvo muy enfermo. Pétronille había apelado a Doña Félicité que había tomado las medidas necesarias para curar.

Calixte también se había mantenido en contacto con otra chica que había conocido en el servicio dominical, Imelda, cuya familia iba a hacer un viaje lejano. Parecía existir una "tierra de la abundancia" llamada "Estados Unidos de América" a la que muchos de sus conciudadanos iban, porque la vida allí era mejor que en Haití. A veces Calixte se preguntaba cómo era esta Tierra Prometida, tratando de imaginar ciudades más grandes que la suya, calles más ruidosas con multitudes aún más numerosas, montañas hasta donde alcanza la vista, lagos, rebaños, fábricas... ella no podía realmente lograrlo y se sentía feliz de regresar rápidamente a la pequeña casa de Doña Félicité, que era su refugio y el único techo que tenía a salvo.

En su corazón, estaba agradecida a Doña Félicité por mantenerla a salvo de todas estas cosas.

Para su decimoquinto cumpleaños, Doña Felicite había traído regalos para Calixto de su escapada de una semana. Le dio un diccionario, un atlas, ropa nueva, una cadena de oro con una medalla de la Virgen de Guadalupe. Calixte ni siquiera se preguntó cómo había conseguido Felicite estos artículos. Fue su primer regalo real desde la muerte de sus padres, y sus ojos se llenaron de lágrimas.

- Aquí, hija mía, sé que te gusta leer, es hora de que sepas que vivimos en un país muy pequeño y que muchos países más grandes, tierras enormes más allá del océano nos rodean, hay gente de todo tipo que habla idiomas que nunca entenderás, pero debes conocerlos porque quizás algún día tengas que servirles también.

Calixte sintió una gran emoción y agradeció a su benefactor con gran afecto.

A veces se le ocurrió que Felicite no duraría para siempre, y que eventualmente se encontraría sola de nuevo, pero pronto descartó tales ideas, deseando sólo convertirse en una sacerdotisa vudú a su vez, y desarrollar sus poderes para el servicio de los demás.

Calixte se ocupó de la casa y guardó los frascos como le habían enseñado. Tenía una pequeña casa junto a la cabaña, tres habitaciones con una pequeña cocina e incluso un pequeño gabinete donde hacía sus abluciones y el aseo del domingo para asistir al servicio.

La vieja Felicidad no tenía muchos muebles, aparte de una cama grande e imponente que, según ella, era de la época colonial, un pequeño sofá en la pequeña habitación que se había asignado a Calixto, una antigua mesa de madera rodeada de cuatro sillas cubiertas de paja, y tres cofres muy pesados en los que doblaba sus ropas de trabajo y sus hermosas prendas de vestir de los domingos. También llevaba un sombrero de paja barnizado, decorado con un pequeño ramo de flores, guantes de algodón, una bolsa negra barnizada, como su sombrero, zapatos cómodos, y viejos cuadernos cubiertos de piel de topo y bastante gastados, llenos de escritura fina {tinta morada que ya estaba pálido.

- Todos los secretos están ahí, dijo, serán tuyos algún día. No tengo a nadie que me suceda excepto a ti.

En la pared había un estante. Las pocas piezas de vajilla que tenía Felicite estaban almacenadas allí.

A Calixte se le había dado un tórax inferior que abarrotaba el suelo de la pequeña habitación y una mesa estrecha sobre la que se colocó una lámpara de queroseno. En aquella época no tenía mucho, y el escaso ajuar que le habían dado las monjas, con unas fotos amarillentas de sus padres y el marco de la Virgen de Guadalupe, que probablemente se había escapado milagrosamente de la casa donde había vivido con su familia, era toda su fortuna.

El tintero de cristal había sido su primera compra personal.

Felicite murió una tarde mientras dormía la siesta, mientras Calixte preparaba una poción en la cabaña. Siendo entonces una joven tímida y doblemente huérfana, tuvo que pedir ayuda a los vecinos, correr a buscar al médico que vivía tan lejos y hacer los arreglos para el funeral, obligándose a mirar en las arcas de Doña Felicite, cuyos secretos siempre había respetado.

Se enteró entonces, gracias al notario de la Grand'ville, que la vieja bruja le había legado todas sus posesiones, que consistían no sólo en esta cabaña, además de la pequeña casa que constituía sus dependencias, sino también en una casa de campo, cerca de Anse-aux-Galets, con tierras (entonces comprendió de dónde venían los buenos huevos, las aves y las verduras que Doña Félicité traía de sus viajes secretos).

Su herencia incluía una cuenta de ahorros bien surtida, aparentemente alimentada por ganancias inesperadas en La Borlette y una casa rica en la Avenida Lamartinière, con muebles selectos y todas las comodidades modernas.

Así, la que había adoptado a Calixte, iba de vez en cuando a descansar a su pequeña casa de campo o a pasar unos días en su hermoso apartamento donde recibía una clientela particular, elegida, que se decía que venía incluso del extranjero para consultar a la vieja bruja y le pagaba unos honorarios bastante considerables para tener éxito en los negocios, para recuperar la salud, para deshacerse de un competidor; ¡hasta una estrella de cine cuya fama estaba un poco en declive, y que deseaba encontrar un contrato! Doña Félicité tenía una agenda bien llena.

La única condición era continuar por el camino trazado por Doña Félicité, perpetuar su trabajo y transmitir sus secretos, los famosos cuadernos, cuyos rituales no debían perderse.

Calixte aceptó con gusto este legado salvador y se comprometió a reemplazar a Doña Felicite y a dedicar su vida al servicio de los demás a través de la ciencia del vudú y la magia.

Por eso había adquirido este magnífico tintero, siempre lleno de cuadernos de molesquín, algo parecido a los que copiaba cuando terminaba sus rituales, con aplicación y siempre con un pensamiento emocional para esta mujer que había dado a una niña huérfana una oportunidad bastante extraordinaria.

Había utilizado parte de su capital para amueblar a su gusto el apartamento que servía de estudio una semana al mes en la ciudad, y para arreglar la casita junto a la cabaña para modernizarla. Había adquirido una nevera y un lujo supremo, un pequeño televisor y ahora estaba descubriendo el mundo y podía imaginar todo lo que había descubierto en su lectura.

Hacía viajes regulares a su granja para descansar de vez en cuando, para hacer que mataran a sus prósperas aves de corral para el consumo, o para hacer un pequeño negocio a la mitad con un valiente mulato que administraba su propiedad. Le gustaba cultivar hierbas y recoger las hierbas que usaba para sus polvos y pociones.

Pero hacía tiempo que había acumulado su propio capital porque era muy conocida y se las arreglaba para satisfacer a sus clientes. Doña Calixte, recordando sus recuerdos y recogiendo sus ideas, había encendido velas blancas y se arrodilló frente a su Virgen de Guadalupe.

Sonrió maliciosamente al pensar en el último ritual que había realizado en la elegante y bonita joven que acababa de dejarla, y que tenía un propósito muy definido pero aún desconocido para su cliente. Recordó el correo enviado por su viejo conocido que se había ido a los Estados Unidos.

Imelda le contó sus reveses debido a la inconsistencia de su nieto, Dominic, que no podía establecerse ni mantener un trabajo. También estaba muy enamorado de una joven que lo sostenía en alto y se burlaba de él.

Imelda estaba convencida de que si esta chica le daba a su nieto el amor que él anhelaba, él haría algo para que su vida fuera exitosa. Y con el ritmo de sus tambores, Doña Calixte había pedido con fuerza conocer a esta mujer. Ella le había sido servida en bandeja. Ciertamente, ella hubiera cumplido el deseo de la que vino a destruir una unión et apegarse a un corazón por venganza. Pero a Doña calixte no le gustaba hacer el mal y puso límites al hechizo y imagino un final que Luce ni siquiera había pensado. Ella cambio el odio por el amor aunque tenía que pagar su propia deuda en desunir a otra parea, como sea elle sabia, la víctima, Benjie fue llamado a hacer un encuentro más gratificante para él que le trajera finalmente la felicidad. El sufrimiento sería fugaz.

Evocó un conocido proverbio: "Pa gen pèn san sekou".

En la bebida absorbida por Luce, Doña Calixte había aplastado la guindilla de la pasión y el huevo fertilizado de una gallina blanca, sacrificado a Erzulie, para que la unión pudiera tener lugar. Ella había invocado la gran loa de amor por Dominic y Luce.

Terminó sus devociones y firmó varias veces, luego se lavó la cara y las manos en un pequeño cuenco de esmalte, se limpió con un paño blanco y volvió a la cabaña, cerrando cuidadosamente la pared móvil detrás de ella.

Entonces empezó a cantar un conjuro después de agarrar una de las panderetas que acompañaban su canto y, con los ojos cerrados, aceleró un poco el ritmo hasta que su cuerpo empezó a temblar, a sacudirse, a girar sobre sí mismo, lanzándola a un estado de trance que la dejaría exhausta, destrozada, pero satisfecha de haber logrado lo que se suponía que debía hacer.

## Los Conquistadores (José María de HEREDIA)

(...)
Todas las noches esperando un mañana épico,
El azul fosforescente del Mar Tropical
Encantaron su sueño con un espejismo dorado;

Donde las carabelas blancas se inclinaban hacia adelante..,
Observaron mientras ascendían a un cielo ignorado
Desde el fondo del Océano de las Nuevas Estrellas.

Convencido de que la mejor manera de domar a mi gacela era casarme con
ella, decidí con indescriptible entusiasmo volver a caer ingenuamente en el
error que tanto me había costado.

La propuesta debe hacerse en un lugar inolvidable, y ser un momento
excepcional. Este crucero con el que había soñado durante tanto tiempo
probablemente pesaría un poco en mi presupuesto, pero valió la pena.

La serie de decisiones que tomé entonces pareció darme la medida de mi
amor inmoderado: pedirle la mano, ofrecerle un anillo que ciertamente
estaba fuera de mi alcance pero que simbolizaba nuestra unión idílica,
embarcarme en este crucero a lo largo de la costa atlántica y descubrir
a través de los ojos de mi hermosa los países exóticos cuyos evocadores
nombres bailaban en nuestros oídos, el Golfo de México, Honduras,
Belice.... Me convertiría en un rico y guapo héroe de Hollywood enamorado
de una princesa africana de piel de ébano; en mi cabeza se juntarían todos
los ingredientes de las películas de los cincuenta con final feliz y la marcha
nupcial ya sonaría en mis oídos.

Me apresuré a la agencia de viajes más cercana e hice las reservas para el
jueves de la semana siguiente en diez minutos.

Ocupé mi mañana con algunas compras esenciales para la ocasión y
me fui a Nueva York. Después de un breve almuerzo en el camino, me
dispuse a explorar estas avenidas, que son el hogar de los joyeros con una

reputación de estar decididos a encontrar la rara piedra que sellaría nuestro compromiso con dignidad al brillar en el fino dedo de mi Eva Eterna.

«Iban a conquistar el fabuloso metal».

Es como si estuviera en una nube que atravieso la puerta de esta joyería, cuyas sobrias ventanas contrastan con los deslumbrantes escaparates del interior. Una atmósfera silenciosa en la más pura tradición. Asientos preciosos. Un vendedor con una sonrisa discreta me saluda ceremoniosamente. Tiene como un gesto del brazo que invita a tomar lugar e invita a la mirada a descubrir sobre estos depósitos de terciopelo oscuro, como si estuvieran engastados, diamantes de todos los tamaños, anillos extravagantes, pendientes, collares cuyo brillo me fascina. Me replanteo la expresión «ríos de diamantes» y admito su exactitud. Los miles de fuegos de su luz fluyen en cascadas reales. Frente a tal magnificencia, mi corazón entra en pánico, mi mente está como al rojo vivo, y frente a tal magnificencia, mi corazón entra en pánico, mi mente está como al rojo vivo.

El vendedor comienza preguntando qué quiero comprar, qué tipo de joyas y para qué ocasión. Hablo con una voz aburrida. ¿Ve mi confusión? Me cuesta explicar lo que quiero, y él empieza su discurso de venta. ¿Qué es apropiado? Un diamante, sí, un diamante, es puro, es elegante, es tan simbólico, es eterno. Describe el marco barroco tan original de éste, el tamaño excepcional de éste, las facetas artísticas de éste otro, su agua tan pura, que ya no sé cuál elegir, ni siquiera tengo el reflejo de preguntar el precio de estas joyas.

Y de repente, descansando sobre su cojín de seda inmaculada, lo veo, en un estuche tan rojo oscuro como su extraordinario brillo, el rubí. No se me ocurre nada más. Es el rubí que estará en el dedo de mi hermosa Eva. Apenas me atrevo a comprenderlo, sondeo su profundidad, me parece infinita. Su color rojo sangre es brillante y me habla en secreto. Dice en voz baja: «Sí, me caso contigo, sí, te quiero para toda la vida» y su murmullo toma el acento de mi amada. El vendedor siente que el trato está hecho antes de que yo sepa que está hecho.

Quite mis ojos de esta maravilla. Un diamante parece demasiado común para la ocasión.

- ¿Cuánto? ¿El rubí, por favor?

Siento que estoy graznando y no estoy escuchando su respuesta.

Salgo casi como un ladrón, el paquete apretado contra mí, corro al metro, lo meto en el bolsillo interior de mi abrigo y durante todo el camino hasta el aparcamiento donde dejé mi coche, lo sigo apretando como si lo perdiera. Ni siquiera pienso en los cuatro cheques astronómicos que le di al vendedor temblando, con la impresión de que su ojo parecía teñido de desprecio cuando le ofrecí pagar a plazos. Pero dentro de cinco días, volveremos a empezar con un nuevo pie y nos acercaremos, ansiosos de pasión, a esta intoxicación marina que nos sacudirá antes de arrojarnos a las orillas de una nueva felicidad.

En mi pequeño apartamento, no podía quedarme quieto, haciendo mil planes para el futuro. Primero tendría que mudarme, encontrar un apartamento grande y luminoso donde [Ingrid], su hija, pudiera tener su habitación y yo mi oficina, en un área cercana al instituto al que asistía.

Así es como imaginé una nueva decoración. Lejos de todos estos recuerdos y de los objetos kitsch y elegantes que había acumulado durante mi vida junto a Ariane.

Salga de Ariane. Me curé.

Me hubieran gustado colores distinguidos, burdeos, grises o marfil y negro. Esta evocación me dio ganas de reír. ¡Yo, que nunca me había preocupado por esas cosas!

¿Qué me estaba pasando?

Como una serpiente dejé mi muda, y me encontré rejuvenecido y revivido. Pensé en ella, Eva, la mujer de todos mis sueños, Eva, mi salvadora, mi esposa pronto, mi abrazo.

Qué días tan maravillosas para vivir, domingos familiares dedicados a nuestro tiempo libre, paseos románticos o simplemente nuestras películas favoritas, o tardes de lluvia bajo el edredón, embriagándonos los unos a los otros sin restricciones.

Tendríamos hijos, nuestros hijos, soñaba con una familia grande y hermosa, donde Ingrid pudiera hacer de hermana mayor. Risas, gritos, pequeños pies corriendo por las escaleras donde tropezábamos con un juguete abandonado.

Ya no era un apartamento sino un pabellón que necesitaríamos, un pequeño jardín, una barbacoa para invitar a los vecinos y amigos, para soplar las velas de cumpleaños, cada vez más numerosas a lo largo de los años.

Eva bella sería la reina de esta alegre tribu y nos hundiríamos por la noche, exhaustos pero felices en el lecho marital para amarnos de nuevo.

Exactamente cuánto tiempo duró este sueño, no lo sé, estaba casi oscuro y escuché los familiares sonidos del piso de arriba, los tacones de la dama que finalmente se quitaba los zapatos, la música que invadía regularmente el apartamento cuando el hijo, un adolescente torpe pero bastante educado, llegaba a casa y encendía su estéreo hasta que su madre le decía que lo bajara y luego los pasos más pesados del padre, un funcionario de la ciudad al que apenas conocía.

Fue el estridente sonido de mi teléfono fijo lo que me sacudió de esa dicha. Salté para agarrarlo, seguro de oír la cálida y modulada voz de mi querida.

Fue ella, amotinada, la que me preguntó si mi día había sido bueno. No pude contenerme, y le revelé toda la ansiedad que había concebido el proyecto de irme finalmente con ella durante diez días, en ese crucero del que siempre hablaba. Le pedí que se liberara profesionalmente, porque teníamos que hacer una escapada romántica. Le describí con entusiasmo las ventajas que la agencia me había comentado esa mañana.

- Mi amor, eres dulce. Estoy segura de que será genial, para el trabajo no hay problema, tengo muchos días de vacaciones que tomar y nos permitirá estar juntos, relajados. Tomar el sol, visitar los países que quiero ver, cenas a la luz de las velas, compras en los puertos de escala, tardes elegantes por la noche, estoy loca de alegría y sé que ellas también lo estarán... las llamo.

Se rió al otro lado del teléfono pero de repente me recompuse y, vencido por una sombra de ansiedad, le pregunté:

- Ellos..., ¿quiénes?
- Bueno, cariño, mi hermana y mi madre, sabes que mi hija va a ir a casa de su padre durante dos semanas, a partir del próximo miércoles. Seremos libres.

No podía emitir un sonido de inmediato sin traicionarme a mí mismo, no quería creerlo.

- Entonces, ¿no dices nada? No me digas que al menos no estás planeando llevar a mi hermana allí, sabes que no está bien en este momento, desde la ruptura con Marc, ¿y crees que dejaríamos a mi madre en paz? No soy una persona egoísta, y bla, bla, bla...

¡No! No tenía ni idea. ¡Sí! Quería ser egoísta. ¡Sí! Quería irme solo con ella y dejar atrás a la madre y sus interminables consejos, a la hermana y sus historias de incesantes rupturas, sus aventuras de una noche que la dejaron en un estado casi continúo de depresión y siempre al borde de las lágrimas, excepto cuando la llevamos a un restaurante.

No lo había pensado así de todas formas. Sueños de despedida de amor idílico, lánguido tête-à-tête, tardes íntimas donde se apoya en la barandilla, "Miramos mientras ascendemos a un cielo ignorado...
Desde el fondo del océano de nuevas estrellas".

José María de Heredia lo dijo muy bien para mí.

Pero uno tiene que hacer contra la mala suerte, el buen corazón. Bastante desconcertado, evalué por un lado y a toda velocidad, la decepción de no emprender este crucero con mi bella Eva, sobre todo con el proyecto que había elaborado, relativo a mi propuesta y a esta primera luna de miel, aunque debía tener lugar entre dos episodios agitados de nuestras vidas, pareciendo más bien un período de galimatías, claros entre tormentas.

Por otro lado, pensaba en el coste del viaje, conociendo a su familia, las caras propensiones de la Señora Madre y sus hijas, sin mencionar los billetes que probablemente nunca tendrían intención de pagar.

Intenté sin éxito hacer un cálculo aproximado de los primeros gastos, dos billetes para el crucero, esperaba que al menos compartieran el mismo camarote y no requirieran tener el suyo propio. Aunque con la cuñada, no hay duda de que en la búsqueda de una aventura amorosa una vez más, uno podría fácilmente imaginar este tipo de capricho.

NO ME RENDIRE, pensé para mí mismo, no estoy convencido en absoluto, además.
Mañana tendríamos que volver a correr a la agencia para resolver este asunto, con la esperanza de que todavía hubiera (no nos quedaríamos al final, ¿por qué no?) plazas disponibles. Ah, Monsieur de La FONTAINE, cuánta razón tenía: "Adiós, ternero, vaca, cerdo...". Se necesita muy poco para arruinarlo todo.

Escuché que Eva se estaba impacientando.

-  Bueno, no dices nada. ¿Qué pasa ahora?

Su tono había cambiado y asumido esa acidez que me sabía de memoria, la de los reproches, las evasivas, la ira de la que nuestra pareja ya había sufrido hasta el punto de la separación. Suspiré.

-  No, no es nada, sólo estaba pensando, porque tengo que volver a la agencia para confirmarlo. ¿Estás seguro de que vendrán? Me preguntaba si... también están disponibles.

¿Por qué debería refugiarme en una mentira también? Porque realmente quería amar y ser amado, para salvar esta relación inestable de la que no podía ni quería salir, y de la que había hecho un plan de vida a partir de ese momento. Porque quería creer en ello y comprometerme con el amor que había faltado y echado de menos hasta entonces. Porque lo había planeado todo, y ese espléndido rubí que acababa de adquirir tan caro, esperaba ser usado por la que yo quería como mujer. Yo, el poeta con el corazón herido, ya no deseaba conocer los tormentos de la soledad, los celos y la falta del otro. Necesitaba a Eva todos los días, sus caricias, su risa, sus caprichos, su cuerpo encantador. Yo pertenecía a su cuerpo y yo y no podía imaginar que ella no sentía el mío también.

Siguió hablando unos minutos más y ni siquiera pensó en agradecerme el regalo que acababa de hacer a su familia.
Nos separamos en un "Buenas noches, mi amor, ¡hasta mañana! "Que aún me dejó un regusto de amargura.

Empiezo a conocer las grandes desilusiones a mi alcance, ya que no es más que la enésima mujer que trastorna mi mundo y me empuja a la desesperación. Pero hoy, miércoles, en la víspera de nuestra partida para nuestra escapada de amor, ahora "familia", lo que cae sobre mi cabeza no carece de interés en el campo de las grandes "decepciones".

Mi tierna y hermosa esposa me despertó al amanecer para despotricar y despotricar contra su ex-marido, el padre de Ingrid. Estoy esperando a que las inundaciones de ira se calmen un poco para tratar de averiguar lo que está pasando. Ella se enfurece, lo insulta y me grita al oído. No me gusta que se ponga en ese estado porque parece una forma de vulgaridad en su persona que trato de minimizar porque me molesta.

-    Cálmate, hermosa, ¿qué está pasando?

Tengo problemas para interrumpirla y tengo que esperar hasta que se quede sin aliento.

Y aquí tengo la explicación, su ex ha decidido que no puede quedarse con su hija esta semana, tiene un partido importante, (por cierto, ¿en qué deporte ya juega este olibrius, ah sí, baloncesto!). No tomo inmediatamente la medida de este anuncio y empiezo a tranquilizarla, no es gran cosa, Ingrid verá a su padre en otro momento etc.

Y entonces la consecuencia del evento me golpea como una tonelada de ladrillos. Significa que tendremos a la adolescente con nosotros en el crucero también, porque nos embarcaremos con toda la gente que pueda cuidarla momentáneamente, su abuela y su querida tía.
¡No! ¡No! No, no es posible, no hay más espacio en este barco, todo está lleno.

Los otros dos nunca abandonarán el lugar que me costó tanto encontrar, no estamos en la misma cubierta, lo que ya había molestado a las damas.

¿Qué puedo hacer? No puedo cancelar, no me devolverán el dinero, voy a escuchar muchas cosas si no empiezo a buscar una solución de inmediato. ¿Hacen perreras para adolescentes cuando sus padres se van de vacaciones?

Estoy diciendo tonterías y mis pensamientos no se pueden poner en orden, ni siquiera respondo a las llamadas de Eva, está chisporroteando en el teléfono.

- ¡Hola! ¡Hola! Benjie, ¿dónde diablos estás? ¿Me estás escuchando? ¿Qué estás haciendo, Benjie?

No me gusta esa voz de arpía que usa para hablarme, pero tengo que salvar el día, tranquilizarla. Soy el hombre con el que puede contar desde ahora, su futuro marido, pase lo que pase. En esta evocación, mi corazón se aprecia, no creí que empezaríamos así, en el amanecer de nuestra próxima vida juntos.

- No te preocupes, cariño, no es un problema, llamaré a la agencia en cuanto abra, Ingrid se irá con nosotros, creo que disfrutará del viaje, te llamaré, ¡te quiero!

¿Por qué esta última palabra está como neblina de repente en mi cabeza, siento que se rompió tan pronto como la dije.

-   Bien, Benjie, yo también te quiero, lo sabes, y te veré esta noche, ¡recuerda! Te haré las cosas como te gustan, cariño, ¡lo sabes!
-   Te cubriré con besos, hasta luego.

El café se me pasó mientras me afeitaba y, como de costumbre, me corté.

Me sangró la mejilla. Golpeé la sangre con un pañuelo, y Dios,

debería tener que comprar algunos, era el último y mis cosas tenían que estar listas para la noche.

¡Mierda! Rara vez usaba palabrotas y me gustaba usar un lenguaje más cortés, pero cuando bajé la cabeza para agarrar el kleenex que había caído al suelo, una mancha de sangre manchó mi camisa blanca que me estaba poniendo! ¡No, la mala suerte me perseguía! Sólo me quedaba uno limpio, los otros ya estaban en mi bolsa de viaje.

Tuve que recurrir a un polo ligeramente descolorido porque los más nuevos también se habían metido en la bolsa.
Pensé en la agencia, ¿qué pasaría si no pudiera tener espacio para Ingrid? También tendría que llamar a mi banquero para pedir una autorización de sobregiro porque estaba empezando a preocuparme por mis finanzas. No había tenido en cuenta todas estas contingencias.

"Cansados de soportar sus altivas miserias
De Palos, de Moguer, camioneros y capitanes,
Se fue borracho de un sueño heroico y brutal".

Creo que los sueños de pasión vuelan, superados por la realidad humana, la inconstancia y la vanidad... Quiero deslumbrar a quien quiero como mujer, ¿no debería amarme por lo que soy? ¿No debería darme el privilegio de su presencia exclusiva durante unos días? Estoy cansado de compartir y vivir su presencia episódica a través de otros. Estos momentos que quería de nosotros están de nuevo dispersos y fragmentados.

"Encantaron su sueño con un espejismo dorado"

¿Qué sueño? ¿Qué espejismo es ese? Ya no duermo, ya no sueño, y los negros espejismos que aparecen en el horizonte me perturban sin encantarme.

"Como una huida de los girfalcones de la fosa común de su nacimiento." Sus sombras se ciernen amenazantes sobre mí.

# LUCE

Luce miraba atentamente pero con cierto temor a Doña Calixte, la anciana conocida por sus rituales vudú.

Había encendido una vela negra y terminada de coser la muñeca que esclavizaría al enemigo, y permitiría a Eva, su hermana, mantener una loca pasión por el hombre mientras llevaba una vida de placer con jóvenes hermosos y atractivos que la hacían pasar bien.

"Transfiero tu esencia al cuerpo de esta muñeca".

Por el poder de la similitud eres uno con ella.
Tu nombre es ahora conocido por los demonios.

Te tengo en mi poder todo el tiempo que quiera".
Doña Calixte pinchó en el corazón y en la cabeza, varias veces la muñeca que se suponía que representaba a la que Luce odiaba con todas sus fuerzas. ¿No la había rechazado con el pretexto de la lealtad?

"...porque así lo he decidido."

La anciana sopló tres veces sobre la muñeca de trapo roja y agitó tres veces las campanas que había agarrado de una tabla. Ella cantó unas cuantas frases más en un idioma que Luce no entendía, y pareció permanecer postrada por unos minutos.

- Ahí, mi bella dama, el loas nos escuchó. Tomó un pequeño cigarro negro del fondo de su bolsillo y comenzó a masticarlo, como si se perdiera de nuevo en pensamientos inaccesibles; Luce sintió que un aire frío pasaba a través de su espalda, y un miedo intangible la hizo temblar.

Sentada en un traje sobre una alfombra de colores, se sintió mareada pero se sermoneó a sí misma. Lo que había llegado a encontrar allí valía la pena estar un poco asustada y pagar por el servicio prestado. No había vuelta atrás.

Doña Calixte le entregó la muñeca envuelta en una bolsa de lona y agarró con sus dedos ganchudos el sobre marrón que contenía el precio del ritual. Luego sopló la vela negra y esparció las cenizas del carbón que se había usado para quemar el incienso al principio de la ceremonia en un tazón.

Luce no sabía si debía ponerse de pie, pero Doña Calixte, con un gesto de su mano, le hizo entender que no debía moverse.

Finalmente la vieja bruja tomó las cenizas finas entre sus dedos y las dejó deslizarse de nuevo en el tazón. Las cenizas formaron entonces una especie de anillo y luego un segundo anillo que parecía encajar en el primero, un poco más ligero que el primero.

"Hombre, mujer.... pronto encontrarás un marido, ¡hermoso! "La anciana, todavía absorta en sus pensamientos y con la mirada fija en las cenizas, repitió: "Sí, un marido amoroso, pero ten cuidado de no cansarte de él, los hombres no pueden soportar por mucho tiempo a las mujeres frívolas y caprichosas. »

Luce permaneció perpleja, no había venido para este propósito, pero esta revelación la hizo feliz.

- Un marido, ¿cuándo? No vine por eso. Vine por un apego, pero no por mí...
- Los loas han hablado, hija mía, no debes desafiarlos. Al final hacen lo que quieren. ¡Digo lo que vi!

La anciana se levantó bastante ágilmente para su edad, pero ¿qué edad podía tener? Luce se sintió incapaz de darle uno; cincuenta, sesenta, setenta? Parecía joven a veces, tan brillantes eran sus ojos, no se veían arrugas en su cara, pero parecía tan profunda y tan llena de conocimiento que se le podían dar décadas, y estaba un poco encorvada, la piel de sus manos era como un pergamino, y las hebras que salían de su gorro de algodón blanco eran de color gris acero.

# EL CRUCERO

Sol de mi alegría, lindo ángel
Baja, ven y vuelve a abrir la estrella con tus dedos...
Desde mi corazón, sube
Todos los barcos hundidos de mi infancia
Llévame a donde las caracolas
Los que nadan por encima de la cabeza...
Ángel lindo, sol de mi alegría
Baja y recógeme

**(De «Heart for Life» de Xavier Orville)**

El viaje en avión a Miami no parecía muy dramático. Eva se sentó a mi lado y yo estreché su mano en la mía, mirando por la ventana, feliz de tenerla a mi lado.

En la fila a nuestra derecha, su hija, su hermana y su madre charlaron hasta el final del pasillo. Era difícil iniciar cualquier conversación. A veces miraba su perfil y me gustaba su risa, parecía tan alegre y entusiasta como una niña.

Estaba encantado por su alegría. La encontré adorable en su conjunto de seda lavanda, que realzaba su tez mulata; como siempre, estaba perfectamente maquillada, un rubor azul suavizaba sus párpados, su pelo se recogía en rizos caoba. Pensé que se veía bien, con clase, y me sentí orgulloso de ver a esta mujer a mi lado. Había comprado mucha ropa para este crucero, pero no quería pensar en esos problemas de fondo. Había traído unos cuantos libros para los momentos de relajación. Quería descubrir la literatura criolla francesa de las Antillas y del continente africano. Había elegido leer el mandado de Sembène Ousma, La Belle Créole, una novela de Maryse Condé, un libro de Xavier Orville, este escritor de Martinica que esperaba no despertara nostalgia por mi último amor por Marie-Reine, su compatriota. Me recité a mí mismo estos versos de su novela Coeur a vie y pensé que era hermoso y tranquilizador amar y declarar la llama de uno al elegido de su corazón. Mi mirada cayó sobre mi compañera, y apreté su fría mano con más fuerza, en la garra de una gran emoción. Este viaje iba a ser especial, porque estaba decidido a tomarla como mi esposa por segunda y última vez en mi vida.

Sin embargo, mi felicidad se vio a veces ensombrecida por el dolor que acababa de experimentar, y una gran pena me asfixió cuando hablé de la reciente muerte de mi madre. La echaba de menos. Ojalá hubiera podido compartir mi alegría de amante y hablarme en voz baja, como cuando sentí mi primer desengaño, como cuando dejé mi país para seguir otro destino, como cuando volví de la escuela y esperábamos el regreso de mi padre, sentados en la cocina, con ese aroma de buñuelos de pollo o pescado condimentados aún flotando en el aire, mientras la cena se cocinaba a fuego lento en la cocina de gas blanco.

Estaba tratando de recuperar mi valor.
-Madre querida, pensé, tú que diste tanto por tus hijos, protégeme de ahí arriba, y no te enfades conmigo. Mi vida está tan llena de amor para dar y tú dejaste un gran vacío. Me gustaría tanto darme cuenta de lo que has sacrificado tanto.

Cerré los ojos, inundado de lágrimas por el único recuerdo de mi madre. El barco que nos esperaba nos causó una gran impresión, once pisos de puentes uno encima del otro, una verdadera ciudad flotante donde fuimos recibidos como reyes en un lujo increíble. El capitán y su primer oficial saludaron a sus invitados en el corte. La tripulación inmaculadamente vestida, las flores frescas de los camarotes, los pasillos suavemente alfombrados, y el cóctel de bienvenida deberían haberme sumergido en una dulce euforia. Pero, por desgracia, las molestias fueron obvias desde el primer momento. Habíamos reservado dos espaciosos camarotes frente a frente, uno era para dos personas, y el otro tenía tres camas individuales, y me sorprendió amargamente cuando Eva dijo: "Estoy tan feliz de estar aquí:

-   "Esta es tu cabaña", dijo, refiriéndose a la cabaña doble para su hermana y su madre. Ingrid dormirá con nosotros.

No podía creerlo. Ni siquiera tuve tiempo de protestar. Quería que su hija estuviera con ella. Su decisión era definitiva, tenía el equipaje preparado, basado en eso.

La madre de Eva, Luce y Cristina, ya se había apresurado a sus apartamentos en busca de un elegante sombrero y para ver desde la cubierta superior cómo el barco se iba.

Las amarras se soltaron, ante el aplauso de los espectadores, que de repente me parecieron infantiles y gordos. La sirena sonó tres veces y "El Carnaval Dos" comenzó lentamente a maniobrar su camino hacia destinos de ensueño que comenzaron a saber a pesadillas para mí.

Desempacamos nuestras maletas, la piscina y los gimnasios nos estaban esperando.

-   Cariño, vamos al solarium.

Se había puesto un estampado de pantera de dos piezas que la hacía más deseable y más felina que nunca. Agarrando sus gafas de sol, uno de los pareos florales comprados para la ocasión, y su toalla, se puso unas sandalias doradas y salió, flanqueada por su hija.

-   ¡Espérame, yo también voy!
-   No esperaremos durante horas, queremos disfrutar de la piscina antes del almuerzo.

Me lo prohibieron, mi mano en la puerta de la cabaña. Sin embargo, pensé que me estaba confundiendo y mortificando, "¿Por qué eres siempre tan pesimista? No vas a ser un aguafiestas, es cierto que están aquí para divertirse, y tú también, ¡muevete! »

Estaba listo en dos minutos, pero pronto me di cuenta de que no sabía exactamente dónde encontrarlos en esta ciudad flotante, había varios solariums, varias piscinas, y pasé casi tres cuartos de hora buscándolos, y luego, lanzándome a la primera tumbona libre que vi, empecé a darle vueltas a mi mal humor. No me apetecía leer el libro que había traído conmigo, así que decidí quedarme aquí solo hasta que llegara la hora de comer.

Volví a la cabaña para vestirme con ropa ligera, no tenía hambre. Tuve que esperar a que volvieran por un tiempo más. Llegaron riendo y charlando, sabía que estaban juntos, los tres. No notó mi ausencia por la mañana y se puso un vestido blanco de algodón, se peinó y salimos a comer con la familia;

Había más de diez restaurantes en ese barco, fue una elección difícil. Había más de diez restaurantes en este barco, así que la elección fue difícil. Elegimos un restaurante japonés para el sushi, pescado marinado en lima. La calidad de la comida me reconcilió un poco con mis vacaciones. Ingrid quería ir al cine por la tarde, antes de ir de compras con su madre y su tía.

Habían visto los rincones de compras y se prometían un buen momento.

Me pareció una gran idea, convencido de que podríamos echar una pequeña siesta y que tendría esa tarde los momentos de intimidad que nos estarían prohibidos durante la noche por la presencia de la chica.

- Déjame en paz, estoy agotada, he estado nadando, he tomado el sol, estoy de vacaciones, necesito descansar...

No sé cuántos argumentos pudo usar Eva contra mí durante la hora que intenté acariciarla, para hacerla compartir mi deseo hasta que se levantó de la litera, aparentemente enfadada.

Entonces Luce llamó a la puerta para invitar a su hermana a dar un paseo e ir de compras a bordo.

Disgustado, me embarqué en una aventura, vagando por los pasillos, pasando parejas de la mano, mujeres jóvenes en ropa deportiva o de playa, ancianas con maquillaje y joyas que brillaban en la piel arrugada de sus brazos o cuellos.

Terminé en uno de los bares del quinto piso, un piano estaba tocando suavemente y tomé dos martini en rápida sucesión, yo que bebía tan poco;

Una bella mujer me miraba lánguidamente, y yo la miraba a su vez, pero de repente me levanté, molestando a las mujeres y diciéndome a mí mismo, "otra más que no vale más que las otras". Sentí asco de mí mismo porque podría haber sucumbido a esta invitación tácita, por Eva que me mantuvo en alto, por todas esas mujeres tan fáciles en la superficie y tan perversas al final. Sin embargo, sabía que mi amor era sincero, y pensé que debía apresurar la propuesta para tratar de cambiar su estado de ánimo.

# EL DUELO

Me encantaba la luz lechosa que caía de la luna, la cúpula celeste donde las estrellas parpadeaban, las palmas lascivas y dormidas.

Silencio por la noche. Ningún crujido perturbó la quietud tropical. Y sin embargo, unos metros más abajo, si escuchara, reconocería el latido como olas apagadas pero regulares, que vienen a lamer la orilla.

Sólo mi corazón latía con fuerza y me recordaba mi tormento.

Así que empecé mi caminata nocturna hacia la playa, con pasos mesurados, a pesar de la sangre que me martilleaba las sienes, el creciente desasosiego, como para retrasar el momento de llegar allí y enfrentarse a la realidad de los acontecimientos.

Los callejones se sucedieron en una suave pendiente. Me encontré con algunos perros callejeros, merodeando en busca de comida, acercando su imagen de abandono a los que había visto tan a menudo, aseados, incluso vestidos con mantas, como los monos de feria, usando cintas o pasadores, Llevados en los brazos de sus fragantes amantes, otros todavía nobles y condescendientes conducidos con correas en parques saneados, a lo largo de amplias avenidas, en ciudades que brillan con orgullo, que tratan a sus animales mejor que los niños son tratados en otros países.
Los feroces maullidos salieron de un cubo de basura volcado, un festín de gatos hambrientos, también impulsados por la miseria reinante. Escuché gritos de ira mientras las ratas defendían su comida de sus propios depredadores.

Algunas casas modestas, rodeadas de escasos jardines, más alejadas de las chozas o chozas de leprosos, ensambladas de bricolaje y jarra, de color indefinible, que albergan a grandes familias de pescadores desdichados. Las luces amarillas de las lámparas de aceite o gas, o incluso las velas de la fortuna o la desgracia, pensé para mí mismo, se apagaron una a una, sumergiendo a estas personas poco a poco en la oscuridad, y sin duda en el sueño, protector de los niños, tiempo para olvidar los males de la vida cotidiana, el hambre, la suciedad, los golpes, el trabajo duro a menudo, y los abrazos furtivos y sudorosos en un rincón de la cabaña común para los adultos, como un acto desesperado de regeneración. La vida, el sufrimiento, la muerte, a través del amor, a través del goce ilusorio.

Envidiaba la apatía del olvido que los protegería por un tiempo de la preocupación, a pesar de los estómagos nunca saciados, la angustia del futuro, la violencia que los destrozaba cada día y el estancamiento en el que se hundía mi país. ¡Qué destino tan injusto les esperaba!

Oh, preciosos momentos de no-recuerdo, esperando una mañana que les devuelva la desesperación demasiado pronto para dormir.

En la ciudad limpia, la cena servida en manteles blancos debe haberse prolongado, las discusiones probablemente se prolongaron lánguidamente y contentas en el humo azulado de los fragantes cigarros. Hermosas casas blancas y floridas languidecían con distinción detrás de sus altos muros en la noche tibia, todavía resonando con música y charlas inútiles o graves vaticinios sobre la vacilante política o economía del país. Es deplorable, pero estábamos bien protegidos contra este riesgo.

- Por cierto, Beatriz se casará con el hijo del senador el sábado.
- Vamos a hacer una fiesta antes de que Antoine se vaya a Harvard, ¡así que no nos decepciones!
- La familia Duponsard regresó, encantada con su estancia en Megève.
- Estaremos en París, querida, en diciembre. Nicole quiere renovar su vestuario.
- ¿En qué hotel se alojará?

Conocí estos dos mundos paralelos e indiferentes, viviendo sus caminos con destinos tan opuestos, sin resistencia para el primero, sin remordimientos ni conciencia para el segundo, bajo los mismos cielos.

¿Y qué hacía yo, la única alma despierta, rechazando deliberadamente el refugio del olvido, consumiéndome en esta marcha incesante hacia el pasado, dirigiéndome conscientemente al encuentro de mis recuerdos? Caminaban a mi lado como lobos, al acecho, sin mirar nunca a su presa con los ojos.

Horas de insomnio, horas de insomnio para desdoblar el largo pergamino del pasado.

Y imaginé, acostado en su pequeño ataúd de roble, un lujo que había querido darle como su último lecho de reposo, a mi santa madre, Daisy con un corazón de oro, mi madre, cuyo aliento había quedado suspendido, "siempre y para siempre".